손미영 · 조유정 지음

침묵하지 않는 그림책

다정한 세상을 꿈꾸는
그림책의 목소리

뜨락

추천의 글

침묵하지 않는 타자의 고통

침묵하지 않는다는 것은 자유를 향한 의지의 표명이다. 진정한 자유란 불의와 불평등을 그냥 보아 넘기지 않는 것부터 시작되기 때문이다. 이 안에는 '나' 외의 타자가 존재하고 그들의 그늘과 내 고통의 교집합을 보지 못한다면 공허한 외침에 불과하다.

여기서 한 가지 질문이 생긴다. 왜 그림책으로 타자의 고통을 상상해야 하는가, 라는 질문이 생긴다. 그림책에는 다양한 등장인물과 관계가 존재한다. 단순하지 않은 서사 앞에서 그림책만의 진정한 매력인 '높지 않은 문턱'을 만나게 된다. 어렵지 않게 전쟁을 이야기하고 짧은 페이지 안에 생로병사를 모두 담을 수 있다.

침묵하지 않는 그림책이라는 제목에서 나는 그림책을 만들면서 마주했던 여러 독자를 떠올린다. 사랑하는 가족을 잃고 고통스러운 사람, 일터에서 부당한 처우 앞에서 목소리를 내지 못하는 사람, 불평등과 고립 속에서 괴로운 사람. 나는 이 책을 읽으면서 그들을 다시 떠올린다.

그림책 작가들의 시선이 다양한 곳을 향한다면, 『침묵하지 않는 그림책』은 그 시선을 고스란히 모아 한 곳을 향하게 한다. 사람다움에 관해 생각하게 만드는 힘이 이 책에 담겼다고 나는 그림책을 좋아하는 독자에게 말하고 싶다. 그들이 그림책을 모르는 독자들에게 전파할 것이라고 믿는다. 여기 다양한 이야기가 있다고. 나는 아름다운 전파를 상상하며 책장을 덮는다.

고정순
그림책 작가

들어가며

우리는 점점 더 많은 것을 알아가고, 더 빠르게 연결되며, 더 많은 물건을 소비하는 세상에 살고 있습니다. 하지만 그만큼 우리가 놓치고 있는 것도 많아졌습니다. 잘 보이지 않는 곳에서 고통받는 존재들의 외침, 말할 수 없어 침묵 속에 갇힌 이들의 이야기, 혹은 당연한 것으로 여겨져 더 이상 말하지 않는 진실들 말입니다.

이 책, 『침묵하지 않는 그림책』은 그동안 말하지 않았던 진실을 '말하는 그림책'에 대한 이야기입니다. 그림책이 단지 아이들만의 것이 아니라 어른들에게도 진심을 건네는 강력한 언어임을 믿기에, 이 책은 그 목소리를 함께 듣고자 시작되었습니다.

최근에는 기후위기, 동물권, 노동, 아동 인권, 노인의 삶, 여성과 젠더, 장애, 다문화, 난민, 전쟁과 평화 등 우리 사회가 직면한 현실을 다룬 그림책이 꾸준히 발표되고 있습니다. 이 책에서는 그러한 작품들을 중심으로, 그림책이 현실을 직시하고 문제를 제기하며 침묵하지 않고 세상과 마주하는 방식을 함께 살펴보려 합니다. 열 가지 주제로 나누어, 우리 사회의 다양한 목소리를 담고자 했습니다.

먼저 기후위기 대응을 위한 지속 가능한 삶의 방식을 이야기합니다. 동물권을 조명하며 지구에서 함께 살아가기를 생각합니다. 노동과 땀의 가치를 일깨우고 인간 존엄에 대해 묻습니다. 그리고 아동 인권, 노인의 삶과 죽음을 마주하며 그들의 이야기에 귀를 기울입니다. 아이들은 자라고, 노인은 늙어갑니다. 그 안에서 경험하는 외로움과 불안, 그리고 삶의 지혜를 그림책은 섬세하게 그려냅니다.

또한 여성과 젠더 문제를 들여다보며 고정된 역할과 억압적인 구조 속에서도 주체적으로 살아가려는 이들의 목소리를 비춥니다. 다름을 틀림이 아닌 것으로 받아들이기 위한 시도로서 장애와 다문화에 대한 편견을 흔드는 그림책을 소개합니다. 마지막으로 전쟁과 평화를 다룬 그림책에서는 우리가 어떻게 서로를 지키고 연대할 수 있을지 그 가능성을 함께 생각해 봅니다. 본문에 담지 못한 그림책들은 '함께 읽으면 좋은 그림책'으로 덧붙였습니다.

이 책은 정답을 제시하지 않습니다. 다만 함께 질문하고, 함께 마음 아파하고, 함께 희망을 품는 여정이 되었으면 합니다. 이 책을 읽는 시간이 누군가의 침묵에 귀를 기울이고, 말할 수 없는 존재들의 이야기에 마음을 여는 순간이 되기를 바랍니다. 우리는 침묵할 수밖에 없는 이들의 목소리를 듣는 것을 넘어서, 더불어 살아가는 세상을 위해 침묵하지 않는 태도로 나아가야 합니다. 주변의 소외된 존재들에게 관심을 가지고, 그들과 함께 목소리를 내는 용기와 연대의 마음이야말로 우리가 만들어가야 할 삶의 방향이라고 생각합니다. 이 책이 그런 시야를 넓히는 데 작은 디딤돌이 되기를 간절히 바랍니다.

우리의 여정은 전라북도 삼례에서 시작되었습니다. 두 아이를 키우며 '그림책'이라는 말만 들어도 가슴이 뛰던 서른 중후반의 우리가 우연히 만난 곳은 초방책방 신경숙 선생님의 그림책 워크숍이었습니다. 그림책을 만드는 시간보다 삶과 우주에 관해 이야기 나누는 시간이 더 많았던 그 자리에서, 우리는 '그림책이란 삶을 나누는 방식'임을 배웠습니다. 그 가르침 속에서 책장을 넘기는 손끝으로 세상과 이어지는 희망을 보았습니다. 이 책은 그런 나눔의 연장선 위에 있습니다. 지금은 별이 되신 고故 신경숙 선생님이 심어주신 씨앗을, 우리가 걸어가는 삶 속에 조용히 뿌리며 살겠다는 다짐이기도 합니다.

그림책을 통해 가르침을 주신 수많은 어린이 문학 작가님들과 선생님들께 이 자리를 빌려 깊이 감사드립니다. 그 은혜에 보답하고자 우리는 흔들림 없이 어린이 문학 연구의 길을 성실히 걸어가겠습니다. 느지막이 공부하는 아내를 묵묵히 지지해 주는 남편과 함께 자라나는 아이들에게 진심을 담아 사랑한다고 말하고 싶습니다. 그리고 이 여정을 함께 걸어가고 있는 동료이자 스승인 서로에게도 고마움을 전합니다.

『침묵하지 않는 그림책』이 우리 아이들이 살아갈 내일의 세상에 작은 희망의 등불이 되기를 바랍니다. 그리고 이 책이, 침묵하지 않기로 마음먹은 누군가의 첫 발걸음에 힘이 되기를 소망합니다.

차례

추천의 글 2

들어가며 4

1

기후위기, 지속 가능한 지구를 위하여

개발하는 인간, 파괴하는 인간 20
『형제의 숲』, 『작은 집 이야기』, 『나무늘보가 사는 숲에서』

인간의 발명품이 던지는 경고 28
『검정토끼』, 『상자 세상』, 『플라스틱 인간』

지구를 위한 멈춤과 성찰 36
『야, 우리 기차에서 내려!』, 『달샤베트』,
『빨간지구만들기 초록지구만들기』

2

동물권, 지구에서 함께 살아가기

삶의 터전을 잃어버린 생명들 50
『눈보라』, 『30번 곰』, 『지혜로운 멧돼지가 되기 위한 지침서』

죽어줘서 고마워 58
『주문 많은 요리점』, 『돼지 이야기』, 『생명을 먹어요』

동물, 대상이 아닌 존재로 66
『63일』, 『붉은신』, 『이빨 사냥꾼』

3

노동, 땀 한 방울의 가치

쌀 한 톨이 내게 오기까지 80
『손이 들려준 이야기들』, 『모모모모모』, 『나는 농부란다』

보이지 않는 곳에서 흘리는 땀방울 86
『어둠을 치우는 사람들』, 『코끼리 아저씨는 코가 손이래』, 『미장이』

일에 종속되는 인간 92
『매미』, 『그들은 결국 브레멘에 가지 못했다』,
『난 곰인 채로 있고 싶은데…』

삶의 리듬, 쉼의 미학 98
『밥 · 춤』, 『행복한 청소부』, 『지하 정원』

4

아동 · 청소년, 아이들은 자란다

나도 할 수 있어! 110
『어른들은 왜 그래?』, 『이슬이의 첫 심부름』, 『난 뭐든지 할 수 있어』

거짓말 같은 진실 118
『내가 라면을 먹을 때』, 『거짓말 같은 이야기』, 『돌아오지 못한 아이들』

위험에 노출된 아이들 124
『숲속으로』, 『빨간 모자』, 『울음소리』

5

노인, 삶과 죽음에 대하여

주체적으로 살아가는 여성 노인 138
『천하무적 영자 씨』, 『도시에 사는 우리 할머니』, 『할머니의 여름휴가』

정년 이후의 삶 144
『세상에서 제일 힘센 수탉』,
『오늘은 아빠의 안부를 물어야겠습니다』, 『아빠의 발』

이별이 남기는 마지막 선물 150
『할머니가 남긴 선물』, 『나의 친구 아그네스 할머니』, 『할머니를 위한 자장가』

6

여성, 페미니즘 말하기

'엄마'가 아닌 '나'로서의 자아 162
『돼지책』, 『엄마의 초상화』, 『L 부인과의 인터뷰』

프레임을 벗어나는 여성 168
『레나의 옷은 당당하고 아름다워!』, 『메리는 입고 싶은 옷을 입어요』, 『쉿!』

전통적인 성 역할에 도전하는 여성 174
『니 꿈은 뭐이가?』, 『루비의 소원』, 『고만네』

여성의 삶을 예술로 남기다 182
『다정해서 다정한 다정 씨』, 『프리다』, 『진실을 보는 눈』

7

젠더, 성별이라는 철창

성별의 틀을 넘어 196
『내가 예쁘다고?』, 『여자가 되자!』, 『여자와 남자는 같아요』

아빠에게도 아이를 키울 권리가 있다! 204
『으르렁 아빠』, 『아빠 인권 선언』, 『내가 엄마라니!』

나다울 권리 212
『인어를 믿나요?』, 『줄무늬가 생겼어요』, 『줄리의 그림자』

사랑, 사랑, 사랑 220
『사랑에 빠진 토끼』, 『첫사랑』, 『결혼식에 간 훌리안』

8

장애, 틀린 게 아니라 다른 거야

나만의 방식으로 세상을 살아간다 234
『깃털 없는 기러기 보르카』, 『빼떼기』, 『내 귀는 짝짝이』

마음으로 느낄 수 있어! 242
『진짜 투명인간』, 『바람은 보이지 않아』, 『물이 되는 꿈』

다름을 껴안는 마음 250
『나는 강물처럼 말해요』, 『누나에겐 혼자만의 세상이 있어』, 『말코, 네 이름』

9

다문화,
모두의 안녕을 묻다

다채로운 빛깔이 모여 꽃을 피우다 264
『눈 오는 날』, 『아빠와 차곡차곡』, 『우리는 진짜 진짜 사람입니다』

다양성을 말하는 칼데콧 상 270
『행복을 나르는 버스』, 『물냉이』, 『또 다른 연못』

이주민을 그리는 은유 그리고 침묵 278
『도착』, 『이동』, 『간식을 먹으러 온 호랑이』

난민에게 은은한 달빛이 되어 284
『지중해』, 『섬』, 『밀어내라』

10

평화,
서로에게 건네는 연대의 손길

전쟁의 어두운 그림자 298
『싸움에 관한 위대한 책』, 『적』, 『전쟁』

전쟁이 남긴 아픔 304
『꽃할머니』, 『용맹호』, 『숨바꼭질』

민주주의는 그냥 오지 않았다 310
『아무도 지나가지 마!』, 『독재란 이런 거예요』, 『생쥐 나라 고양이 국회』

부록 318
한 걸음 더, 주제별 추천 그림책

01

기후위기,

지속 가능한
지구를 위하여

윤동주 시인은 칠흑처럼 어두운 시절에 하늘을 바라보며, 별을 노래하는 마음으로 모든 죽어가는 것을 사랑해야겠다고 다짐했다. 오래전부터 사람들은 하늘의 별을 보며 자신의 삶과 국가의 운명을 점쳤다. 하늘의 별과 우리의 삶이 연관이 있다고 믿었기 때문이다. 이성과 과학의 시대에 들어서면서 우리는 더 이상 하늘의 별에 운명을 맡기지 않는다. 과학이 발전할수록 세상은 점점 세분화 · 전문화되었고, 인간은 눈앞에 있는 것들만 주목하며 살아가기 시작했다. 그것이 어떤 결과를 불러일으키는지는 생각하지 못한 채 말이다.

총체성과 유사한 의미의 '연기緣起'는 삶과 우주의 모든 것이 상호 연결되어 있다는 불교의 핵심 원리이다. 과거 사람들이 하늘의 별과 자신의 삶을 연결 지어 생각했던 것처럼, 우리는 모두 연결되어 있다는 믿음이다. 기후변화에 대한 목소리가 높아지고 있는 지금, 작은 신호를 놓치지 않으려면 모두가 연결되어 있다는 '연기적 사고'를 가져야 한다. 이 연기법을 생각한다면, '나 하나쯤이야'가 '나 하나라도'로 바뀔 수 있다. 나의 작은 행동이 앞으로의 지구를 변화시킬 수 있다는 뜻이다.

2015년 파리기후변화협약에서 지구 평균기온 상승 폭을 산업화 이전 대비 1.5도 이내로 유지할 것을 협의했다. 1.5도는 기후변화로 인한 재앙을 피할 수 있는 일종의 '마지노선'이다. 그러나 올해 지구 평균기온은 이미 1.5도를 초과했으며, 앞으로 몇 년 내에 2도 이상 상승할 가능성이 크다고 전문가들은 경고한다. 지금 세계 곳곳에서 이상기후 현상이 발생하고 있다. 기록적인 불볕더위로 해양생물이 말라 죽고, 가뭄과 대형 산불이 잇따른다. 반면 어딘가에서는 홍수가 일어나 수많은 사상자가 생겨나기도 한다.

기후위기에 가장 먼저 피해를 입는 것은 언제나 약한 존재들이다. 그림책 『도시에 물이 차올라요』는 동물들의 크기를 통해 이를 효과적으로 보여준다. 도시에 조금씩 물이 차기 시작한 순간에는 모두 작은 해프닝으로 여겼다. 하지만 수위가 점점 높아지자 가장 먼저 작은 동물들이 어려움을 겪는다. 그들의 외침은 지금 이 순간에도 기후위기로 고통받고 있는 많은 생명의 소리이다. 그들이 보내는 작은 신호를 대수롭지 않게 지나치면 나중에는 이미 돌이킬 수 없는 상황에 이를지도 모른다. 결국 큰 동물들까지 물에 잠기고 나서야 비로소 문제의 심각성을 깨닫는다. 조금 늦었지만 모두 힘을 모아 문제를 해결한다. 이 문제를 해결할 수 있는 가장 효과적이면서도 필수적인 방법은 바로 '함께하는 것'이다.

이 장에서는 기후위기와 환경 문제를 다룬 그림책들을 소개한다. 자연을 파괴하는 인간의 개발과 일상 속에서 무심코 사용하는 일회용품 문제를 함께 조명하며, 우리가 실천할 수 있는 노력들도 고민해 본다. 그림책을 통해 생태 감수성을 키우는 일은 환경 문제에 한 걸음 더 가까이 다가가는 소중한 방법이다. 인간은 자연을 파괴하는 존재이기도 하지만, 동시에 그 자연을 되살릴 수 있는 존재임을 우리는 잊지 말아야 한다.

『형제의 숲』

유키코 노리다케 글 · 그림 | 봄볕 | 2022

『작은 집 이야기』

버지니아 리 버튼 글 · 그림 | 시공주니어 | 1993

『나무늘보가 사는 숲에서』

아누크 부아로베르, 루이 리고 글 · 그림 | 보림 | 2014

개발하는 인간, 파괴하는 인간

인간이 만든 건축물은 인간보다 오래 살아남으며, 시대의 변화를 고스란히 담아낸다. 『형제의 숲』은 건축 과정에서 발생하는 개발과 파괴의 이면을 형제의 삶을 통해 대조적으로 보여준다. 이야기는 울창한 숲에서 시작한다. 왼쪽 면에는 검은 머리의 남자가, 오른쪽 면에는 노란 머리의 남자가 있다. 왼쪽 남자는 '지금, 여기'의 삶을 즐기며 현재에 충실한다. 반면 오른쪽 남자는 늘 '다음'을 생각하며 더 나은 미래를 추구한다.

미래를 준비한다는 이유로 오른쪽 남자는 숲의 나무를 베고 도로와 집을 만들기 시작한다. 삶의 질을 높이기 위해 도로는 점점 더 넓어지고 길게 뻗어나가며, 건물도 계속해서 늘어난다. 발전이라는 이름 아래 자연을 파괴하고 빠르게 개발해 온 인류의 역사를 떠올리게 한다. 한편, 왼쪽 남자는 남과 비교하지 않고 자신에게 꼭 필요한 만큼만 바꾼다. 머물기에 충분한 크기의 집을 짓고 불편하지 않을 정도의 도로만 만든다. 그는 자연과 함께 살아가는 방식을 택하며, 조용하지만 단단한 삶을 이어간다.

예술철학자 조요한 선생은 한국의 정원을 중국, 일본과 비교하며 설명한 바 있다. 그에 따르면, 중국 정원은 인간이 인공적으로 자연을 재구성한 것이고, 일본 정원은 주택 마당 안으로 자연을 끌어들인 형태이다. 그에 비해 한국 정원의 이상은 인위적인 손길을 줄이고, 소박함으로 돌아가는 데 있다. 왼쪽 남자가 만든 숲은 한국의 정원처럼 자연을 억지로 다듬지 않고, 그 안에서 조화롭게 어우러진다. 자연을 훼손하지 않으면서 살아가는 방식은 한국 정원이 추구하는 미학과 닮았다. 그러나 오른쪽 남자는 더 편리한 환경을 위해 욕망하고 개발하며, 결국 자연을 파괴한다. 왼쪽 남자는 불편을 감수하더라도 자연과 조화를 이루는 삶을 선택한다. 같은 시작점에서 출발했지만, 그들이 도달한 결말은 전혀 다르다. 이 대비는 우리에게 묻는다. 우리는 지금 어떤 삶을 살고 있는가? 그리고 다음 세대에게 무엇을 남겨줄 것인가?

1943년 칼데콧 상을 받은 『작은 집 이야기』는 오랜 시간 한 자리를 지킨 집을 통해 시대의 변화를 보여준다. 1940년대는 미국 자본주의의 근간이 되는 '창조적 파괴' 개념이 처음으로 등장한 시기이다. 미국이 거대 자본주의 국가로 발전하는 상황은 그림책의 면지에서도 알 수 있다. 작은 집은 늘 그 자리에 있지만, 주변 도로 풍경은 급격하게 변해간다. 한 사람이 말을 타고 지나던 시대에서 시작해, 말이 끄는 마차가 달리는 시대를 지나 자전거와 자동차, 전차가 등장한다. 그동안 작은 집 주변의 나무는 점점 사라지고 건물들이 하나둘 들어선다. 마지막 장면은 첫 장면처럼 말이 등장하지만, 이번에는 말이 자동차에 실려 가는 모습이다. 이처럼 운송수단과 주변 환경의 변화는 도시화 과정을 효과적으로 보여준다.

미국의 산업화와 도시화가 한창이던 시절, 한적한 시골 마을에 집들이 들어서고 그 집들은 높은 빌딩으로 바뀌어간다. 많은 사람으로 북적이는 거리는 매연에 둘러싸이고 작은 집은 밝았던 이전의 모습과 달리 낡고 어두워 보인다. 이제 작은 집은 한낮에만 겨우 해를 볼 수 있을 뿐, 밤에는 도시의 불빛 때문에 달도 별도 볼 수 없게 되었다. 유리창은 깨지고 덧창은 떨어져 나갔으며 칠은 벗겨져 망가졌다. 작은 집은 생명이 없는 사물이지만, 환경에 따라 전혀 다른 모습으로 표현된다. 햇살 아래의 작은 집은 밝고 따뜻한 색감으로 생명력이 넘친다. 창과 문은 마치 눈과 입처럼 보이며, 자연 속에서는 미소 짓는 듯한 형태로 표현되어 작은 집의 행복한 모습을 전한다. 반면, 빌딩 숲에 갇힌 작은 집은 빛을 잃어간다. 빛바랜 색감과 깨진 창, 봉인된 문은 작은 집이 점점 침울하고 괴로워하는 모습을 더욱 강조한다.

어느 날, 작은 집을 지은 사람의 손녀의 손녀가 길을 걷다가 우연히 작은 집을 발견한다. 그는 작은 집을 조용한 언덕 위로

옮긴다. 작은 집은 다시 해와 달을 보며 사계를 고스란히 만끽할 수 있게 되었다. 생명이 넘치는 자연의 공간으로 돌아온 작은 집은 편안하고 행복해 보인다. 돌아갈 곳이 있어 참 다행이다. 하지만 자연이 모두 파괴되어 돌아갈 곳이 없다면 어떻게 될까?

『나무늘보가 사는 숲에서』는 숲이 파괴되는 과정을 보여주는 팝업북이다. 풍성하던 숲의 나무들이 하나둘 사라지면서, 결국 나무늘보가 사는 나무 한 그루만 남게 된다. 나무늘보에게 나무는 24시간 중 20시간을 함께 보내는, 삶 그 자체다. 숲이 파괴되자 새들과 다른 동물들은 모두 떠났지만, 나무늘보는 마지막 남은 나무를 꽉 붙잡고 끝까지 남아 있다. 마지막 나무마저 베어버린다면 숲은 영영 사라지고, 나무늘보도 갈 곳을 잃게 된다.

우리는 마지막 나무가 굴착기에 의해 파괴되는 순간을 눈앞에서 목격한다. 모든 나무가 사라지고 나무로 가득했던 숲은 아무것도 없는 빈 땅으로 변한다. 숲이 풍성할 때는 나무늘보가 어디 있는지 찾는 재미가 있지만, 나무가 점점 사라질수록 나무늘보는 쉽게 눈에 띈다. 혼자가 되어 가는 나무늘보를 바라보는 독자의 마음은 무거워진다. 인간의 보금자리를 만들기 위해, 정작 숲의 주인이었던 동물들의 보금자리를 모두 빼앗는 상황을 직접 지켜보기 때문이다.

침묵이 가득한 빈 땅에 한 사람이 나타난다. 숲을 파괴한 것은 인간이지만 숲을 복원할 수 있는 것도 인간이다. 그는 느리지만 꾸준히 나무를 가꾼다. 마지막 쪽의 중앙에 있는 종이를 잡아당기면 흰 여백에 새싹들이 가득 솟아난다. 나의 작은 손짓이 아무것도 없는 빈 땅에 생명을 키워낸 것이다. 이보다 더 역동적인 촉구가 있을까? 나무가 자라는 숲에 동물들이 돌아오고, 떠났던 나무늘보도 다시 찾아온다. 이제 우리는 선택해야 한다. 더 많은 욕망을 위해 자연을 희생할 것인가, 아니면 지속 가능한 미래를 위해 절제하고 공존할 것인가. 우리의 선택이 곧 지구의 운명을 결정한다.

함께 읽으면 좋은 그림책

『나무가 자라는 빌딩』 윤강미 글 · 그림 | 창비 | 2019

2023년 환경부 통계에 따르면, 우리나라에서 대기오염으로 인한 조기 사망자 수가 연간 1만 7천 명에 달한다. 이제 미세먼지는 더 이상 먼 나라의 이야기가 아니라 우리의 현실이 되었다. 그림책 속 아이는 뿌연 하늘에 가득한 미세먼지 때문에 집 안에 머물 수밖에 없다. 아이는 아쉬운 마음에 자신이 꿈꾸는 건물을 그린다. 그 건물에는 꽃과 나무가 자라나고, 회색빛으로 뒤덮였던 도시는 점점 초록색으로 물들어간다. 아이가 그리는 도시는 생명이 살아 숨 쉬는 공간이다. 아이의 바람처럼 우리가 살아가는 도시도 자연과 조화를 이루는 공간으로 변화할 수 있을까?

『행복한 초록섬』 한성민 글 · 그림 | 파란자전거 | 2014

단순한 색감과 페이퍼 커팅 기법을 활용해 환경과 자연, 그리고 인간에 대한 이야기를 풀어내는 한성민 작가의 그림책이다. 행복했던 초록섬은 점점 많은 사람이 찾으며 변해간다. 초록은 사라지고, 빠르고 편리한 생활을 위해 건물이 들어선다. 자연이 훼손될수록 그 피해는 고스란히 인간에게 돌아온다. 그림책은 하나의 섬이 어떻게 변화하는지를 극적인 방식으로 생생하게 보여준다. 특히 주황색과 초록색의 대비가 깊은 인상을 남긴다. 마지막 장면에서 한 사람이 작은 나무 세 그루를 싣고 망가진 섬을 향해 간다. 자연을 복원할 시간은 많지 않다. 이제 우리에게 남겨진 선택은 무엇일까?

『태어납니다 사라집니다』 유미희 글 · 장선환 그림 | 초록개구리 | 2020

지구는 끊임없이 태어나고 사라지는 곳이다. 1초마다 새 일회용 컵이 태어나고, 구상나무, 야자나무, 맹그로브나무가 사라진다. 1분마다 새 옷이 태어나고, 청개구리, 열목어, 긴꼬리수달은 사라진다. 이렇게 인간이 만든 것들은 계속해서 태어나고, 자연의 생명들은 사라진다. 회색빛 배경 속 빌딩과 자동차 사이에서 마스크를 쓴 아이가 사람들은 누구랑 놀까 묻는다. 새가 떠난 산, 물고기가 없는 강, 풀벌레 노랫소리가 끊긴 숲이 있는, 단 하나뿐인 쓰레기별에서 사람들은 누구와 살까? 태어나는 것과 사라지는 것 사이에서 우리의 생활을 되돌아보게 만든다.

『검정토끼』
오세나 글 · 그림 | 달그림 | 2020

『상자 세상』
윤여림 글 · 이명하 그림 | 천개의바람 | 2020

『플라스틱 인간』
안수민 글 · 이지현 그림 | 국민서관 | 2022

인간의 발명품이 던지는 경고

코로나 팬데믹을 겪으며 우리는 사회와 단절된 채 각자 살아남아야 하는 긴 시간을 보냈다. 아이러니하게도 사람들의 야외 활동이 줄어들자, 자연이 빠르게 회복되고 있다는 반가운 소식이 들려왔다. 그런데 집 안에서 쏟아져 나온 수많은 쓰레기는 어디로 갔을까?

서로 간의 접촉을 최소화하려다 보니 일회용품 사용이 급증했고, 사람의 손길이 닿은 것들은 한 번 쓰고 폐기되었다. 플라스틱, 비닐봉지, 택배 상자—이들의 공통점은 쉽게 분해되지 않는다는 것이다. 자연은 모든 생명이 생과 사의 흐름 속에서 순환하며 새로운 생명을 싹틔우지만, 인간이 만들어낸 이 물질들은 썩지 않고 그대로 남아 있다. 자연과 철저히 유리된 인간의 발명품들. 이들에게 생명을 부여해 경고를 던지는 그림책들이 등장하고 있다.

오세나 작가의 『검정토끼』는 귀여운 검정 토끼 한 마리가 폴짝 뛰며 시작한다. 번식력이 강한 토끼답게 검정 토끼들은 금세 불어나고, 트럭 가득 실려 숲으로 향한다. 풀숲으로 뛰어

드는 토끼들. 독자는 자연으로 돌아간 토끼들을 보며 안도감을 느낀다.

그런데, 뭔가 이상하다. 토끼들이 점점 거대해진다. 자세히 들여다보니 그 정체는 손잡이가 묶인 검정 비닐봉지였다. 검정 비닐봉지가 풀리고 터지며, 숲은 알록달록한 쓰레기로 가득 찬다. 이 쓰레기들은 여기저기로 날아가고, 5백 년이 지나도 사라지지 않는다. 아름다워 보였던 숲과 바다는 결국 인간이 버린 쓰레기로 뒤덮인 모습이었다.

이 그림책은 한 번 읽고 난 뒤 놓친 것들을 찾기 위해 다시 펼치게 된다. 겉싸개를 벗기면, 검정 비닐봉지 안에 쓰레기로 뒤덮인 숲이 드러난다. 독자는 비닐봉지에 가려졌던 진실을 마주하며 환경 오염의 심각성을 다시금 되새긴다. 마지막 장면에서는 쓰레기봉투를 가득 실은 쓰레기차가 달린다. 우리는 무엇을 해야 할까?

당일배송 택배차 안에는 택배 상자들이 빼곡히 쌓여 있다. 클릭 한 번이면 원하는 모든 것이 집 앞으로 배달되는 세상. 사회적 거리두기를 겪으며 우리는 집에서 물건을 받아보는 일에 익숙해졌고, 배달업은 그 어느 때보다 활기를 띠고 있다. 그러나 상자들은 내용물을 보호하는 용도로 잠시 쓰일 뿐, 대부분 곧바로 버려지고 만다.

『상자 세상』은 버려지는 상자들이 세상을 가득 뒤덮는 모습을 그린다. 표지는 마치 진짜 택배 상자처럼 꾸며져 있고, '보내는 이'에는 작가의 이름이, '받는 이'에는 '세상의 모든 독자'가 적혀 있다.

704호 남자는 외부와의 접촉을 피하며, 문 앞에 두고 간 택배를 가져와 확인하고는 상자를 집 밖으로 던진다. 704호뿐만이 아니다. 모든 세대가 창밖으로 상자를 버린다. 어느새 아파트보다 거대한 상자 더미가 쌓인다. 그리고 상자들이 서서히 살아나기 시작한다.

상자들은 배고프다며 물건을 먹어치운다. 안을 들여다보니, 이들이 담고 있던 물건들이 눈에 띈다. '거짓말 탐지 안경', '물에 둥둥 뜨는 수영복', '하루에 두 번 맞는 시계' 같이 꼭 필요하지 않은 것들이다. 우리의 소비 습관을 돌아보게 만드는 순간이다.

상자들은 원래 자신들이 나무였음을 떠올린다. 그들은 나무가 되기를 꿈꾸지만, 현실에서는 여전히 택배 상자가 한 번 사용된 후 버려진다. 번개쇼핑 택배차는 오늘도 달린다.

20세기 최고의 발명품이었던 플라스틱. 하지만 이제는 최대의 골칫거리가 되었다. 2024년 통계에 따르면, 분리 배출된 플라스틱의 재활용률은 고작 27퍼센트에 불과하다. 가볍고 편리해 널리 사용되지만, 플라스틱은 썩지 않고 미세플라스틱으로 분해되어 결국 우리 몸속에까지 쌓인다. 만약 미세플라스틱이 생명체로 태어난다면 어떻게 될까? 『플라스틱 인간』은 이 기발한 상상에서 출발한다.

어느 날, 제임스 씨의 배꼽에서 인간을 닮은 투명한 무언가가 태어난다. 과학자들은 몸속에 미세플라스틱이 쌓여 만들어진 생명체를 '플라스틱 인간'이라 명명한다. 마치 플라스틱을 처음 발명했을 때처럼, 사람들은 작은 생명체를 사랑하며 키우기 시작한다.

플라스틱 인간은 플라스틱을 먹으며 성장한다. 집에는 그들이 먹고도 남을 만큼 플라스틱이 넘쳐났다. 하지만 점점 거대해진 플라스틱 인간은 결국 인간을 위협하기 시작한다. 플라스틱이 발명된 지 백 년이 조금 지난 지금, 지구의 주인은 인간인가, 플라스틱인가? 그림책은 우리가 플라스틱을 얼마나 무분별하게 소비하고 있는지 경고하며, 다가올 미래에 대한 깊은 고민을 던진다.

세 그림책에 등장하는 비닐봉지, 상자, 플라스틱은 점점 양이 늘어나고 몸집이 커진다. 생명이 없는 것들이 생명을 부여받는 과정이 공포를 자아낸다. 인간은 썩지 않는 물질을 만들어냈고, 이는 자연의 면역 체계를 무너뜨렸다. 결국 자연은 인간의 발명품을 소화하지 못하고 점점 회복력을 잃어가고 있다. 이러한 문제는 오늘날 '인류세Anthropocene'라는 새로운 지질학적 개념으로 설명된다. 인류세는 인간 활동이 지구 생태계와 지질 구조에 결정적인 영향을 미치는 시대를 뜻한다. 이제 인간은 더 이상 자연의 일부가 아니라, 지구 환경을 변화시키는 주요 요인이 되었다. 우리는 단순한 소비자가 아닌, 생태계 전체에 책임을 지는 행위자로서 살아야 한다. 그림책이 전하는 작지만 강력한 메시지를 통해, 우리는 이 시대를 살아가는 '인간'으로서의 책임과 가능성을 다시 생각하게 된다.

함께 읽으면 좋은 그림책

『바다 이야기』 아누크 부아로베르, 루이 리고 글 · 그림 | 보림 | 2014

세로로 긴 판형과 팝업북 형태를 활용해 독자가 시각적으로 환경 문제를 체감할 수 있도록 구성된 그림책이다. 처음 책을 펼치면 파란 하늘과 깨끗한 해변에서 휴가를 즐기는 사람들의 모습이 보인다. 하지만 플랩을 위로 올리는 순간, 아름다웠던 바닷속이 온갖 쓰레기로 가득 차 있다는 사실이 드러난다. 위쪽에는 깨끗한 육지, 아래쪽에는 오염된 바닷속을 입체적으로 대비하고 있다. 이를 통해 인간이 흘려보낸 쓰레기가 해양 생태계를 얼마나 위협하는지를 효과적으로 전달한다. 바다의 겉모습만을 보고 깨끗하다고 생각하는 우리의 인식을 뒤집고, 보이지 않는 곳에서 환경 오염이 심각하게 진행되고 있음을 일깨운다.

『할머니의 용궁 여행』 권민조 글 · 그림 | 천개의바람 | 2020

표지에는 재활용 마크를 단 채, 하늘을 나는 슈퍼맨처럼 바다를 누비는 해녀 할머니가 보인다. 면지는 게임판처럼 구성되어 해녀 수칙, 해양생물을 찾는 목표 등이 적혀 있다. 그림책은 플라스틱 쓰레기가 바다 생태계에 미치는 영향을 신선한 시각으로 풀어낸다. 독자들이 흥미롭게 내용을 따라갈 수 있도록 옛이야기를 결합했다. 뒤 면지는 앞 면지와 달리, 해양생물을 획득하는 게임판이 쓰레기를 수집하는 게임판으로 바뀌었다. 해녀 수칙의 0순위에는 '무조건 바다부터 살린다!'라는 문장이 추가되었다. 바다 생태계 보호가 단순한 문제가 아니라, 우리가 지속적으로 관심을 기울이고 해결해야 하는 최우선의 과제임을 강조한다.

『미세미세한 맛 플라수프』

김지형, 조은수 글 · 김지형 그림 | 두마리토끼책 | 2022

제목부터 독특하다. 알록달록한 조각으로 이루어진 제목의 글자는 레고 블록, 빨대, 칫솔, 볼펜 등 우리가 일상에서 쉽게 사용하는 플라스틱 제품을 형상화한 것이다. '플라수프'는 플라스틱과 수프Soup를 합친 조어이고, '미세미세한'은 바다를 떠다니는 미세플라스틱 문제를 다루고 있음을 암시한다. 플라스틱이 다시 인간에게 돌아오는 과정을 강렬한 색채와 구도로 표현해 시각적 충격을 더한다. 알록달록한 플라스틱 조각들이 점점 더 작은 알갱이로 변해 바닷속으로 퍼져나가는 모습은 아름다운 동시에 섬뜩하다. 그림책은 우리가 쉽게 버린 플라스틱이 결국 우리에게 돌아온다는 점을 강조하며, 플라스틱 사용에 대한 경각심을 불러일으킨다.

『야, 우리 기차에서 내려!』

존 버닝햄 글 · 그림 | 비룡소 | 1995

© Baek Heena, Storybowl

『달샤베트』

백희나 글 · 그림 | 스토리보울 | 2010

『빨간지구만들기 초록지구만들기』

한성민 글 · 그림 | 파란자전거 | 2011

지구를 위한 멈춤과 성찰

증기 기관은 17세기 석탄과 광석의 채굴이 한창이던 시기, 영국의 발명가 토머스 뉴커먼에 의해 발명되었다. 증기 기관의 발명은 산업 혁명의 원동력이 되었고, 대규모 공업 발전은 산업화와 도시화를 이끌었으나, 동시에 환경 오염도 시작되었다. 증기 기관으로 소비된 엄청난 양의 석탄으로 도시 주변은 검은 먼지로 뒤덮였고, 하천은 검게 물들었다. 석탄을 연소할 때 나오는 이산화탄소와 분진 등은 공기를 오염시켰다. 산업 혁명은 인간의 삶의 질을 높였지만, 환경 오염의 주원인이 되었다.

『야, 우리 기차에서 내려!』는 영국의 그림책 작가 존 버닝햄이 1989년에 발표한 작품이다. '국제 꽃과 초록의 박람회'라는 이름으로 1990년 일본 오사카에서 열린, 화훼 산업과 환경에 관한 박람회를 기념해 출간되었다. 이 그림책은 아마존 열대우림 보존을 위해 힘쓰다 살해된 환경 운동가 치코 멘데스에게 헌정되었으며, 생명과 환경에 대한 사랑을 담고 있다.

그림책의 앞표지에는 검은 연기를 내뿜으며 달려가는 증기 기관차와 뿌연 하늘이 그려져 있다. 그림책에서 기차는 우리가 사는 지구를 상징한다. 한정된 공간에서 누군가를 배제하지 않고 모두 함께 기차를 타고 가는 모습을 보여준다. 특히 인간에 의해 자연이 파괴되어 멸종 위기에 처한 동물들을 기차에 태움으로써, 우리가 환경 파괴 문제를 외면하지 않고 하루빨리 해결해야 한다는 메시지를 전달한다.

우리는 지구라는 공간에서 서로 기대어 살아가지만, 다른 존재들과 연결되어 있다는 사실을 잊고 지내는 경우가 많다. 산업화로 도시에 아파트가 들어서면서 우리는 역사상 가장 가까운 곳에 모여 살게 되었다. 그러나 서로의 왕래는 철저히 막혀 버렸다. 물리적 거리는 가깝지만, 정서적 거리는 멀어진 지금의 상황을 백희나 작가의 『달샤베트』에서 볼 수 있다.

작가가 공들여 만든 아파트 세트장 안에는 다양한 형태의 가족들이 거주하고 있다. 여름밤, 모든 세대의 전등이 켜지고, 각종 냉방기와 텔레비전, 전화기, 냉장고 등 우리가 무심코 사용하는 전자제품들이 쉴 새 없이 돌아간다. 그곳에 사는 이들은 혼자 있거나, 함께 있어도 눈을 마주치지 않아 마치 혼자 있는 것처럼 보인다.

오른쪽 면에는 아파트의 각 세대에서 전자기기가 쉴 새 없이 돌아가는 모습이, 왼쪽 면에는 하늘의 달이 녹아내리는 모습이 펼쳐진다. '앗!'이라는 글자와 함께 암전되며, 오른쪽의 원인이 왼쪽의 결과로 이어졌음을 보여준다. 문을 닫고 각자의 일상만 살아가던 주민들은 왜 이런 일이 발생했는지 알지 못해 당황스러워한다. 유일하게 이 상황을 눈치챈 것은 창문을 활짝 열고 밖에 나와 밤하늘을 바라보던 늑대 할머니뿐이다. 부채로 더위를 쫓던 늑대 할머니는 달이 녹아 떨어지는 모습을 보고, 얼른 빨간 대야를 가져와 달 물을 받는다. 무엇을 할까 고민하던 끝에, 달샤베트를 만들어 캄캄한 어둠 속에서 달빛을 보고 찾아온 아파트 주민들과 함께 나누어먹는다.

달에 살던 옥토끼도 달빛을 따라 늑대 할머니를 찾아온다. 이들은 식탁에 앉아 서로 얼굴을 맞댄다. 생태계에서 피식자와 포식자 관계인 옥토끼와 늑대 할머니가 같은 크기의 프레임에 그려져 있다. 작가의 다른 그림책 『알사탕』에서도 인간인 동동이와 반려동물인 구슬이가 함께 손을 맞잡고 대화를 나누는 장면이 비슷한 구도로 표현된다. 모든 생명의 크기는 같다는 것을 보여준다. 또한 생태계에서 발생하는 문제는 지구의 모든 생명이 평화로운 방법으로 함께 해결해야 함을 암시한다.

늑대 할머니는 남은 달 물을 다시 자연에 되돌려주는 방식을 택한다. 빈 화분에서 달맞이꽃이 피어나더니, 동시에 조금씩 달이 차오르기 시작한다. 자연을 가까이했던 옛 전통 방식으로 문제를 해결한 것이다. 이 일을 경험한 아파트 주민들은 전자기기를 끄고 문을 활짝 열어놓는다. 앞으로 이들이 생태지향적 삶을 살게 되리라는 희망을 엿볼 수 있다.

한성민 작가는 자연과 지구 환경 문제에 관심을 가지고 작은 실천을 하기 위해 노력해 왔다. 그가 선택한 방법은 페이퍼 커팅 기법이다. 삽화 작업을 할 때, 펜이나 물감 등 화석 에너지에서 나온 화학 재료의 사용을 최소화하려는 선택이었다. 『빨간지구만들기 초록지구만들기』는 이러한 고민 속에서 탄생한 작품으로, 전 과정이 페이퍼 커팅 기법으로 완성되었다. 이 그림책은 두 개의 시작점을 가지고 있다. 일반적인 방향으로 책을 읽으면 빨간 지구를 만드는 나쁜 습관들이 소개되고, 책을 뒤집어서 반대 방향으로 읽으면 초록 지구를 만드는 좋은 습관들이 펼쳐진다. 작가는 손바닥과 손등을 뒤집는 것처럼 우리의 작은 습관에 따라 빨간 지구 혹은 초록 지구를 만들 수 있다는 것을 보여주고자 이러한 형식으로 구성했다고 한다.

빨간 지구를 만드는 습관 중 하나는 '불 켜놓고 나가기'이다. 오른쪽에는 모든 전자기기가 켜져 있는 집 안의 모습이 보인다. 컴퓨터 모니터 화면에는 북극곰이 있다. 위층의 전등 두 개는 눈처럼, 아래층 거실 전등 갓은 입처럼 보이도록 배치해 찡그리고 있는 집의 표정을 표현했다. 또 다른 습관인 '나무 자르기'는 나무의 잎을 새들이 모여 있는 형태로 만들어, 나무를 자를 때 새들이 떠나가는 모습을 표현했다. 이는 나무를 베는 행위가 서식지를 파괴하는 일임을 시각적으로 강하게 전달한다. 책을 뒤집으면 초록 지구를 만드는 좋은 실천들이 이어진다. 이 부분의 장면들은 한결같이 밝고 생기 있다. 우리가 초록 지구를 만들기 위한 작은 실천을 할 때마다 나무들이 자라고, 동물들이 함께 살아가는 조화로운 지구의 모습이 그려진다.

증기 기관의 발명부터 도시화, 자원의 남용에 이르기까지 인간의 선택은 지구에 깊은 흔적을 남겼다. 『야, 우리 기차에서 내려!』는 위기에 처한 생명과의 공존을, 『달샤베트』는 단절된 관계의 회복을, 『빨간지구만들기 초록지구만들기』는 우리의 작은 습관이 만드는 미래를 보여준다. 기후위기와 생태 파괴의 해결은 거대한 담론이 아니라, 오늘 하루의 실천에서 시작된다.

함께 읽으면 좋은 그림책

『지구를 위한 한 시간』 박주연 글 · 조미자 그림 | 한솔수북 | 2019

어스 아워Earth Hour는 기후변화와 환경 파괴의 심각성을 알리기 위해 3월 마지막 주 토요일 8시 30분부터 한 시간 동안 전력을 차단하는 글로벌 자연 보전 캠페인이다. 지구촌 불끄기 운동은 2007년 3월 31일 호주 시드니에서 처음 시작해 현재는 전 세계 190여 개국 시민이 참여한다. 그림책은 이 캠페인이 시작된 이유와 의미를 쉽게 설명한다. 아주 먼 옛날 지구의 밤에는 달과 별의 빛만 존재했다. 그러나 석탄과 석유, 전기가 발견되면서 지구는 계속 뜨거워졌다. 우리 집 전등 하나를 끄는 것이 과연 큰 힘이 될까? 우리 집과 옆집, 동네 사람들, 그리고 세계의 모든 나라가 함께 하면 그 힘은 매우 강력해진다. 마지막에는 지구촌 불끄기 운동에 대해 더 알아볼 수 있는 정보와 우리가 생활 속에서 실천할 방법들도 소개한다.

『요셉의 작고 낡은 오버코트가…?』
심스 태백 글 · 그림 | 베틀북 | 2000

'I Had a Little Overcoat'라는 유대인 민속 시가를 변형한 그림책은 유대인의 지혜와 교훈을 담고 있다. 요셉은 오래되고 낡은 오버코트를 다양한 형태로 바꾸며 계속해서 재활용한다. 처음에는 오버코트를 재킷으로 만들고, 재킷이 낡으면 조끼로 만들고, 조끼도 오래 사용한 뒤에는 목도리로 바꾼다. 이 과정은 삽화에 사용된 구멍Die-Cut Hole을 통해 표현되며, 그림 속에서 점점 작아지는 옷을 보는 재미를 더한다. 연필, 잉크, 수채 물감, 과슈와 콜라주 기법을 사용한 그림에서 이스라엘의 다양한 문화를 엿볼 수 있다. 마지막 장에는 악보를 실어, 정들고 해진 옷을 다시 활용하는 과정을 노래와 함께 즐길 수 있도록 했다.

『오, 멋진데!』 마리 도를레앙 글 · 그림 | 이마주 | 2017

우리의 소비 습관을 뒤돌아보게 하는 그림책이다. 표지에는 두 사람이 우스꽝스럽게 물건을 착용한 모습이 그려져 있다. 왼쪽 사람은 항아리를 머리에 쓴 채 고무호스를 목에 감고 있으며, 오른쪽 사람은 네 개 겹친 냄비를 머리에 쓴 채 전깃줄을 목걸이처럼 걸고 있다. 이 그림책은 사람들의 과시욕과 물건에 대한 소유욕을 꼬집는다. 평범한 물건들이 다른 용도로 쓰이자, 사람들은 새로운 물건이라고 너도나도 달려든다. 새로운 찻잔을 뽐내며 구두에 물을 따라 마시고, 모자에 나무를 키우기도 한다. 그림책은 우리에게 꼭 필요한 물건을 최소한으로 소비하고 있는지, 유행을 쫓아 불필요한 소비에 휘둘리고 있지는 않은지 묻는다.

2

동물권,

지구에서 함께 살아가기

지구라는 공간은 다양한 방식으로 은유된다. 그림책에서는 집, 기차, 우산 등으로 표현되는데, 이는 모든 생명을 품는 공간이라는 공통점을 지닌다. 집이나 기차, 우산 밖으로 내쫓기는 생명은 없다. 만약 밖에 남겨진 생명들이 있다면, 우리는 손을 내밀어 그들을 안으로 데려온다. 흥미로운 점은, 안에서 손을 내미는 쪽은 늘 인간이고, 밖에서 들여보내달라고 사정하는 쪽은 동물이라는 것이다. 이는 자연의 주인처럼 군림하는 인간의 이기적인 행동이 무의식적으로 반영된 모습이다.

우리는 지구라는 공간을 마치 당연히 인간의 소유인 것처럼 사용한다. 각자의 터전에서 살아가는 동물들을 내쫓고, 그들이 사라지는 것을 모른 척한다. 멸종 동물에 대한 경고는 아주 오래전부터 이어져 왔지만, 그 노력이 무색하게 멸종 속도는 점점 빨라지고 있다.

인간의 기준으로 동물은 반려동물과 야생동물로 구분된다. 현재 대한민국 국민 세 명 중 한 명이 반려동물과 함께 살아가고 있다. 여전히 반려동물 학대와 관련된 뉴스가 끊이지 않지만, 동시에 반려동물 에티켓을 배우고 함께 살아가기 위해 노력하는 모습도 점점 늘고 있다.

반려동물에 대한 높은 관심은 다양한 매체에서도 확인할 수 있다. 여러 방송 프로그램에서 문제 행동을 보이는 반려동물이 등장하고, 전문가가 그 행동을 교정하는 모습이 소개된다. 이들 프로그램은 종종 반려인의 부족한 이해가 문제의 원인임을 보여준다. 이처럼 반려동물이나 우리 곁에서 살아가는 동물들을 향한 관심은 점점 높아지고 있지만, 야생동물에 대한 이해와 존중은 여전히 부족한 실정이다.

최근 일명 '갈비 사자'로 불리던 '바람이'가 청주 동물원에 이송되면서 동물원을 둘러싼 논의가 활발해졌다. 동물원은 인간의 즐거움을 위해 동물들을 전시하는 공간으로 시작해, 현재는 체험형 실내 동물원으로까지 확대되었다. 바람이 또한 먹이 체험을 위해 의도적으로 먹이를 제한당한 채, 좁은 실내에서 7년을 넘게 살아왔다. 먹이를 직접 주거나 동물을 손으로 만지고 머리에 올리는 체험은 수많은 동물이 고통받는 원인이다. 폭력적인 공간으로 변한 동물원에 대한 다양한 사회적 논의가 필요한 시점이다.

코로나 시기, 재정난으로 문을 닫은 실내 동물원에 방치되어 굶어 죽는 동물들이 늘어났다. 하지만 이를 제재할 법이 없었다. 동물원에서 사육 중인 동물은 '생명'이 아닌 '사유 재산'

으로 간주되어, 적극적인 조치가 어렵다. 청주 동물원도 과거에는 먹이 체험을 진행하는 여느 동물원과 다르지 않았다. 그러나 2018년 강릉 동해 농장에서 사육된 곰을 구조한 일을 시작으로, 여우, 독수리, 미니말, 사자 '바람이'에 이르기까지 현재는 멸종위기종과 치료가 필요한 야생동물을 돌보고 보존하는 동물친화적 동물원으로 탈바꿈했다. 2014년 서식지 외 보전기관 지정과 2021년 천연기념물 동물치료소 개소에 이어, 2024년 5월에는 환경부로부터 국내 첫 거점동물원으로 지정되기도 했다. 11월에는 외과 수술과 건강 검진을 수행할 야생동물 보전센터를 건립해, 생식세포 냉동동결설비를 통한 멸종위기종 복원과 보전에도 이바지할 전망이다. 이로써 동물원의 역할이 단순한 전시에서 보존과 공생으로 바뀔 가능성을 보여주고 있다.

동물원의 동물들이 『악어 씨의 직업』 속 악어 씨처럼 동물원으로 출근했다가 자신이 원하는 보금자리로 퇴근하는 세상이 온다면 얼마나 좋을까? 일이기 때문에, 그들은 더 나은 환경으로 이직하거나 퇴사할 자유를 가질 수도 있을 것이다. 그러나 현실에서 동물원의 동물들은 하나의 존재로 존중받지 못한다. 그들은 어떠한 자유도 없이, 자신이 어디에 있는지, 언제 나갈 수 있는지 모른 채 무기력하게 살아갈 뿐이다. 동물원에 다녀온 아이들은 자신의 즐거움을 위해 누군가를 가두고 구경

하는 것이 당연하다고 받아들일 수도 있다. 그러나 동물은 인간의 즐거움을 위해 존재하는 것이 아니다.

이 장은 동물권에 관한 그림책으로 엮어보았다. 인간의 욕망 때문에 삶의 터전을 잃어버린 생명들과 희생된 동물들의 현실을 폭로하는 이야기를 담았다. 그리고 육식과 동물 복지에 관한 이야기, 인간을 위한 번식과 실험으로 고통받고 있는 생명들의 목소리에 귀 기울이는 이야기까지 다루었다. 이 그림책들을 통해, 지구에서 함께 살고 있는 생명들의 삶에 관심을 가지기를 바란다.

『눈보라』

강경수 글 · 그림 | 창비 | 2021

『30번 곰』

지경애 글 · 그림 | 다림 | 2020

『지혜로운 멧돼지가 되기 위한 지침서』

권정민 글 · 그림 | 보림 | 2016

삶의 터전을 잃어버린 생명들

작은 빙하 위에 위태롭게 서 있는 북극곰의 모습을 본 적이 있을 것이다. 실제로 북극에서는 기후위기로 최상위 포식자인 북극곰이 살 곳을 잃고, 먹이를 찾지 못해 죽는 일이 벌어지고 있다. 강경수 작가의 『눈보라』는 먹이를 찾다가 인간 마을에 오게 된 북극곰의 이야기이다.

북극곰은 배가 고파 쓰레기통을 뒤지다가 우연히 자신과 비슷하게 생긴 곰이 사람들에게 둘러싸여 맛있는 것을 먹는 모습을 본다. 검은색 무늬만 빼면 자신과 다를 바 없는 판다를 본 북극곰은 판다처럼 자기 모습을 바꾼다. 북극곰의 예상대로 사람들은 갑자기 그에게 친절해진다. 먹을 것을 가져다주고 보살펴 준다. 한껏 꿈에 취해 배부르고 편안한 삶을 살던 북극곰은 갑자기 자신을 바라보는 사람들의 시선이 바뀌었음을 알게 된다. 판다처럼 보이려고 몸 위에 발랐던 진흙이 씻겨졌기 때문이다. 차갑게 식어버린 사람들은 총을 쏘며 눈보라를 위협한다. 단지 모습이 다르다는 이유만으로 전혀 다른 태도를 보이는 인간의 이중성을 목격한다.

영국의 심리학자 리처드 라이더는 1970년대 초, 동물실험에 반대하며 '종차별Speciesism'이라는 개념을 처음 제시했다. 인종, 성별, 계층에 따라 차별하는 것처럼, 인간이 자신과 다른 종이라는 이유만으로 동물을 차별한다는 지적이다. 하지만 이런 종차별은 인간과 동물 간의 관계에만 국한되지 않는다. 동물들 사이에서도 인간 중심의 시선에 따라 '서열'이 매겨진다.

개와 고양이는 '반려동물'로서 가족처럼 대우받지만, 닭이나 돼지, 소는 식탁 위의 음식으로 여겨질 뿐 그들의 고통은 외면받는다. 뱀이나 쥐는 '혐오 동물', 곰이나 늑대는 '유해 야생동물'로 낙인찍히기도 한다. 인간의 편의를 기준으로 동물들은 '반려', '식육', '전시', '야생', '보호'라는 이름 아래 각기 다른 취급을 받는다.

최근 국내에서 많은 사랑을 받은 푸바오 역시 종차별의 한 단면을 보여주는 사례다. '국민 판다'라는 애칭까지 붙은 푸바오는 수많은 사람의 관심과 애정을 받았고, 생일마다 이벤트가 열리며 SNS에서도 화제였다. 그러나 다른 동물들은 푸바오만큼의 관심을 받지 못한다. 결국 사람들의 관심은 그 동물이 어떤 종인지, 얼마나 보기 드문 외모를 가졌는지, 얼마나 '사람처럼' 행동하는지에 따라 좌우되는 것이다. 우리는 동물을 사랑한다고 말하면서도, 그 사랑이 인간이 정한 기준에 따라 차등적으로 주어지고 있다는 사실을 종종 잊는다. 단지 생김새나

종이 다르다는 이유로 어떤 동물은 사랑받고, 어떤 동물은 외면받으며, 또 어떤 동물은 철창 속에서 전시되거나 식탁 위에 오르게 된다. 마을을 떠나는 눈보라의 쓸쓸한 뒷모습에 마음이 아려온다. 눈보라는 그 뒤로 어떻게 되었을까?

북극곰이 등장하는 또 다른 이야기, 지경애 작가의 『30번 곰』은 한층 더 심각하다. 북극의 빙하가 완전히 사라지고, 살 곳이 없어진 북극곰은 사람들이 사는 도시로 망명을 신청한다. 기후 난민이 된 북극곰은 다솜이에게 입양되어 아파트 숲으로 오게 된다. 북극곰은 상업적으로 포장되어, 또 하나의 반려동물로서 인간의 사랑을 받는다. 북극곰을 위한 냉장고가 다양한 디자인으로 출시되고, 북극곰 펫숍이 생겨 아기곰들이 전시품처럼 진열된다. 하지만 그도 잠시, 계속 덩치가 커지는 북극곰은 인간의 눈에 더 이상 귀엽지 않게 되고, 사회성을 배우지 못한 북극곰은 다루기 어려운 존재가 된다. 돈을 주고 구매했다는 이유로 북극곰을 소유물로 여긴 인간들은 북극곰들을 버리기 시작한다.

이미 오래전부터 반복된 반려동물 유기 문제가 기후위기와 맞물려 펼쳐진다. 너도나도 키우려 했던 북극곰은 결국 버려지며 또 하나의 도시 문제가 된다. 북극곰은 단지 살기 위해 이곳에 온 것뿐이다. 북극곰들이 모두 도시에서 사라지자, 뉴스에서는 도시가 다시 활기를 되찾았다고 평가한다. 폐기된 북극곰

냉장고가 쌓여 있다. 생명을 가볍게 여기는 인간의 이기심으로 위협받는 동물들의 상황과 기후위기로 인해 삶의 터전을 잃어가는 동물들의 상황이 동시에 드러난다. 생명보다 돈이 앞서는 현실, 좁은 빨간색 냉장고 속에 들어가 있는 북극곰의 모습이 가슴을 답답하게 만든다.

몇 년 전부터 서식지를 잃고 마을까지 내려오는 야생 멧돼지 뉴스가 빈번하게 들려온다. 산이 파괴되고 동물들이 사라지면서, 멧돼지는 굶주림을 참지 못해 먹이를 찾아 사람들이 사는 마을로 내려온다. 산 아래까지 도로를 놓고 빌딩을 세워서 멧돼지들이 도심에 출몰하는 일이 벌어진 것이다.

현실의 문제를 날카롭게 그려내는 권정민 작가의 첫 그림책 『지혜로운 멧돼지가 되기 위한 지침서』는 뉴스를 보고 각인된 사진 하나가 이야기의 씨앗이 되었다. 배가 고파서 숲을 벗어나 마을로 내려온 멧돼지가 사살되고, 그 주변에 모여든 사람들이 저마다 스마트폰을 꺼내어 사진을 찍는다. 작가는 사람들의 모습을 보며 그림책을 만들게 되었다고 한다. 멧돼지의 눈에 비친 인간 세상은 어떨까? 인간은 동물들을 먹기 위해 좁은 우리에 가두어 두고, 빠르게 키워 먹기 좋을 때 도축장으로 실어 나른다. 그렇게 해서 만들어진 고기를 더 많이 먹기 위해, 사람들은 뷔페식당에 모여 접시 가득 음식을 쌓는다. 얼마나 더 맛있고 비싼 음식을 먹었는지 스마트폰으로 찍어 SNS에 공유한다. 그리고 과도한 음식 섭취가 살이 되는 것을 두려워하며, 돈을 들여 살을 뺀다. 『지혜로운 멧돼지가 되기 위한 지침서』는 멧돼지의 시선으로 인간의 어리석음을 풍자하고 고발한다.

지구 안에서 자신들의 터전을 잃어버린 동물들의 문제는 곧 인간의 문제이다. 먹이사슬의 가장 위에 존재하는 우리, 인간은 빙하 위에 위태롭게 서 있던 북극곰의 모습처럼 최후를 맞이할지도 모른다.

○

함께 읽으면 좋은 그림책

『100곰』 나비야씨 글 · 그림 | 비룡소 | 2022

세로로 긴 판형의 그림책은 고요한 바다의 빙하에서 시작된다. 왼쪽 면에는 숫자가, 오른쪽 면에는 숫자와 일치하는 곰이 빙하 위에 올라가 있다. 숫자 1과 곰 한 마리, 숫자 2와 곰 두 마리, 이처럼 숫자와 함께 곰들이 늘어간다. 숫자를 익히는 동시에 지구 온난화로 빙하가 녹아 해수면이 상승하는 상황을 자연스럽게 체험할 수 있다. 빙하가 점점 녹으면서 곰들은 머물 곳이 없어진다. 마침내 숫자 100과 함께 백 마리의 곰이 등장한다. 그러나 그들이 있을 빙하는 더 이상 남아 있지 않다. 곰들은 서로를 붙잡고 버티다 결국 바다로 가라앉고 만다. 그림책은 처음처럼 고요한 바다로 돌아가지만, 빙하는 흔적조차 남지 않는다.

『터널』 헤게 시리 글 · 마리 칸스타 욘센 그림 | 책빛 | 2018

2016년 노르웨이 올해의 가장 아름다운 그림책으로 선정되었으며, 마리 칸스타 욘센의 뛰어난 그래픽 아트가 돋보인다. 서로 사랑하는 회갈색 암토끼와 흰색 수토끼가 땅속에 터널을 판다. 이 과정에서 땅속의 지렁이, 생쥐, 딱정벌레 등 다양한 생명체들과 생명을 다한 존재들이 함께 등장하며, 자연의 순환과 공존을 섬세하게 보여준다. 두 토끼는 터널을 파는 것보다 밖에 있는 시간을 더 좋아한다. 하지만 바깥세상에서 살기 위해서는 터널을 파야만 한다. 도로가 생기면서 많은 친구들이 목숨을 잃는 모습을 목격했기 때문이다. 인간의 개발로 인해 삶의 터전을 잃어버린 동물들의 시선을 두 토끼의 이야기를 통해 절제된 방식으로 보여주며, 우리에게 자연과 생명의 공존에 대한 깊은 메시지를 전한다.

『10초』 이명애 글 · 그림 | 반달 | 2015

글 없이 강렬한 이미지로 메시지를 전달하는 그림책이다. 표지의 하얀 여백 위에는 차갑고 날카로운 은빛 선들이 가득 그려져 있고, 제목은 단순히 '10초'이다. 책장을 넘기면 면지에 처음 보는 동물들의 그림이 등장하고, 아래에는 연도와 학명 같은 글자가 적혀 있다. 속표지에는 긴 선 위로 끝없이 줄지어 선 동물들이 있고, 선이 끝나는 지점에서 아래로 추락한다. 면지에 그려진 동물들은 이제 더 이상 존재하지 않는 멸종 동물들이다. 작가는 인간의 욕심과 무지가 얼마나 많은 생명을 사라지게 했는지, '10초'라는 시간 동안 펼쳐지는 놀이를 통해 표현했다. 이 작은 행성, 지구에서 우리는 동물들과 어떻게 공존해야 할까? 『10초』는 짧지만 깊은 사유를 남기는 그림책이다.

『주문 많은 요리점』
미야자와 겐지 글 · 김진화 그림 | 여유당 | 2024

『돼지 이야기』
유리 글 · 그림 | 이야기꽃 | 2013

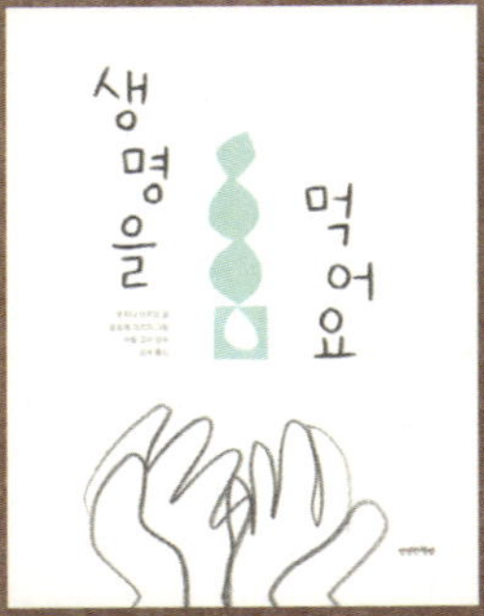

『생명을 먹어요』
우치다 미치코 글 · 모로에 가즈미 그림 | 만만한책방 | 2022

죽어줘서 고마워

일본의 대표적인 동화 작가 미야자와 겐지는 생태주의 세계관을 작품 속에 담아냈다. 그중 『주문 많은 요리점』은 그림책으로 출간되어 현대인들에게 큰 울림을 준다. 사냥하러 숲에 들어온 젊은 신사 두 사람은 뭐라도 좋으니 총을 쏴 보고 싶어 하지만, 이상하게도 새 한 마리 보이지 않는다. 산길이 어찌나 험했던지, 길 안내를 하던 전문 포수는 어느 순간 사라지고, 흰 곰 같은 사냥개 두 마리는 그르렁거리다 거품을 물고 죽게 된다. 그들은 개의 죽음을 보고 돈을 손해 보았다며 한탄하고는 심상치 않은 분위기에 산새랑 토끼를 사서 돌아가기로 한다. 그들에게 동물의 생명은 돈으로 교환되는 재화일 뿐이다.

길을 잃고 헤매던 그들 앞에 멋진 서양식 집 한 채가 나타난다. '서양요리점 살쾡이의 집'이라는 간판이 걸려 있는 그곳의 유리문에는 이렇게 쓰여 있다.

"누구든 들어오십시오. 절대 사양하지 않습니다."
"특히 살진 분이나 젊은 분은 대환영합니다."

두 사람은 이 문구를 보고 모두 자신들에 해당하는 말이라며 기쁜 마음으로 들어간다. 안으로 들어가며 계속해서 나오는 문 앞에는 여러 문구가 적혀 있다. 끝없이 이어지는 주문과 그것을 수행하면서 무언가 이상함을 느끼는 그들에게 펼쳐지는 결말은 가히 충격적이다. 주문하는 이는 인간이고, 음식은 동물이라는 우리의 생각을 과감히 깨뜨린다. 총과 총알로 사냥을 즐기고, 돈으로 무엇이든 살 수 있다고 생각한 이들은 결국 종잇장처럼 구겨진 얼굴로 도쿄에 돌아온다. 잠깐이지만 동물들의 입장이 되었던 그 순간을 절대 잊지 못할 것이다.

구겨진 얼굴이 평생 펴지지 않았던 두 젊은 신사와 달리, 우리는 동물들, 특히 가축의 삶에 대해 쉽게 잊고 산다. 돼지 콜레라, 조류 인플루엔자 등 가축들에게 발생하는 다양한 질병을 뉴스로 접할 때, 생명에 대한 걱정보다는 삼겹살값과 달걀값 폭등에 먼저 반응한다. 우리에게 오늘 저녁 밥상에 고기가 오르느냐 마느냐는, 동물들에게는 목숨이 걸린 문제이다.

유리 작가의 『돼지 이야기』는 2010년 겨울 구제역 살처분 사태를 배경으로, 돼지의 일생을 사실적으로 그리고 있다. 표지에는 흑백 배경 속에서 새끼 돼지가 고개를 들고 눈을 감은 채, 하늘에서 떨어지는 무언가를 맞고 있는 장면이 담겨 있다. 독자들은 그것이 눈이라 믿고 소풍 나온 돼지의 행복한 모습을 떠올리지만, 실상은 살처분을 당하는 돼지가 구덩이 속에서 흙에 묻히는 순간이다. 아이러니하게도 돼지가 태어나 처음 흙을 밟아보는 순간은 다름 아닌 생의 마지막, 살처분되는 때이다. 행복해 보였던 장면이 알고 보면 비극이라는 사실은 우리로 하여금, 그동안 무감했던 그들의 삶을 돌아보게 한다.

대표적인 단백질 공급원인 돼지는 진흙 목욕을 즐기고, 코로 땅을 파는 것을 좋아하는 쾌활한 동물이다. 하지만 현실의 돼지들은 거의 흙을 밟아볼 기회조차 없다. 대개는 좁은 쇠창살 안, 콘크리트 바닥 위에서 사육된다. 태어난 지 6개월, 가장 육질이 좋을 때 도살장으로 보내진다. 이 짧은 생애는 극도로 비좁은 공간에서, 모든 것이 돈과 효율을 중심으로 결정된다. 최소한의 공간에서 최대한 많은 수를 길러야 인간이 더 싸고 많은 고기를 소비할 수 있기 때문이다.

하지만 본성에 맞지 않는 환경은 다양한 질병을 유발하고, 만약 한 마리라도 병에 걸리면 집단 전체가 위험에 처하게 된다. 가축전염병예방법에 따르면, 단 한 마리의 돼지가 구제역에 감염될 경우 그 인근에 사육 중인 모든 돼지를 안락사하고 살처분해야 한다.

그림책은 공장식 축산과 사육 환경의 비극을 흑백의 사실적인 그림으로 강렬하게 전달한다. 좁은 케이지 안에서 스트레스를 받은 돼지가 앞 돼지의 꼬리를 물어뜯는다는 이유로, 돼지들의 꼬리, 이빨, 귀를 잘라내는 현실도 담아냈다. 그림책은 최대의 효율만을 추구하면서 동물의 삶은 고려하지 않는 인간 사회의 이중성과 냉혹함을 고발한다.

『생명을 먹어요』는 구마모토현에서 도축업을 하는 사카모토 씨의 일화를 통해 동물을 도축하고 먹는다는 것이 어떤 의미인지를 생각하게 한다. 글 작가는 조산사로서 지금까지 2천 5백 명이 넘는 아이를 받았다. 생명의 숭고함을 전하기 위해 강연 활동을 하던 중 '생명'에 대한 이야기를 들려주는 도축업자 사카모토 씨의 일화를 듣고, 이를 사람들에게 알리기 위해 글을 썼다고 한다.

담백한 글과 어린아이가 그린 듯한 삐뚤빼뚤한 연필 선의 그림이 진솔하게 다가온다. 사카모토 씨의 도축장에서 소를 잡기 전날, '미야'라는 소가 들어온다. 미야와 함께 자란 여자아이는 미야에게 미안하다는 말을 전한다. 이 모습을 본 사카모토 씨는 미야를 도축하는 일을 차마 할 수 없어 일을 쉬기로 한다. 하지만 아들 시노부의 부탁으로 사카모토 씨는 결국 미야를 찾아가 상황을 설명한다. 미야는 그의 말을 알아들었는지 가만히 자신의 죽음을 받아들이는 것처럼 행동한다.

"손녀는 울면서, '미야, 고마워. 잘 먹을게. 맛있다, 참 맛있다.' 하면서 먹었습니다. 정말 고맙습니다, 사카모토 씨."

할아버지는 손녀가 음식을 먹으며 한 말을 사카모토 씨에게 전한다. 사카모토 씨는 살아 있는 생명을 먹는다는 것, 그 의미를 진심으로 받아들이고 감사할 수 있다면, 도축업이 더는 부끄러운 일이 아니라는 것을 깨닫는다. 그렇게 그는 이 일을 조금 더 해보기로 결심한다.

세 그림책은 서로 다른 방식으로 우리에게 '생명을 어떻게 대하고 있는가?'라는 본질적인 질문을 던진다. 『주문 많은 요리점』에서 인간은 스스로 먹잇감이 되는 경험을 통해 자신들이 무심코 생명을 소비하던 태도에 대해 되돌아보게 된다. 『돼지 이야기』는 돼지의 시선으로 공장식 축산의 잔혹함을 고발하며, 『생명을 먹어요』는 도축이라는 과정을 인간의 감정과 윤리로 다시 바라보게 만든다.

이는 동물의 생명을 단순한 식자재나 단백질 공급원으로 여기는 시각에서 벗어나, 그들이 겪는 고통과 감정, 그리고 죽음의 무게를 정면으로 마주하게 한다. 우리는 태어나 지금 여기에 살아 있다. 우리는 살아가기 위해 수많은 생명의 짧은 삶을 먹고, 그것으로 생명을 연장한다. 우리가 식탁에서 맛있게 먹는 고기 한 점은, 누군가의 삶이 끝난 결과라는 사실을 결코 잊지 말아야 할 것이다.

함께 읽으면 좋은 그림책

『고마워, 죽어 줘서』

다니카와 슌타로 글 · 쓰카모토 야스시 그림 | 나린글 | 2017

우리가 고기와 동물의 죽음을 소비하는 것에 대한 고민을 던지는 그림책이다. 그렇다면 모두가 채식주의자가 되어야 할까? 그림책은 동물들이 나를 위해 죽었다는 사실을 어떻게 받아들일지 묻는다. 소는 스테이크가 되기 위해, 돼지와 닭, 연어와 바지락도 우리를 위해 죽음을 맞이한다. 하지만 나는 누구에게도 죽지 않으며, 내가 죽는다면 사랑하는 사람들이 슬퍼할 것이라는 사실을 깨닫는다. 작가는 그림책을 통해 우리가 나를 위해 죽은 생명들에게 감사하며, 그들의 몫까지 살아가야 한다고 말한다. 또한, 그들이 살아가는 동안에는 편안하게 살아갈 수 있도록 해야 한다는 메시지를 전달한다.

『사슴아 내 형제야』 간자와 도시코 글 · G.D. 파블리신 그림 | 보림 | 2010

보림의 '세계 걸작 그림책 지크' 시리즈 중 하나로, 큰 판형에 광활한 자연을 담아 웅장함을 느낄 수 있는 그림책이다. 섬세하고 아름다운 채색의 그림은 하나의 예술 작품처럼 다가온다. 이야기의 주인공은 시베리아 숲에서 태어난 사냥꾼으로, 그의 삶은 모두 사슴과 깊은 연관이 있다. 옷과 신발뿐만 아니라 그의 피와 살도 사슴으로부터 온 것이다. 오랜 세월 은혜를 베풀어준 사슴은 '나'에게 형제이자 벗과 같은 존재이다. 이 그림책은 아름다운 형제인 사슴에게 감사와 경외를 표하는 '나'의 모습을 통해 자연친화적인 삶의 방향에 대해 깊이 생각하게 한다.

『앵커 씨의 행복 이야기』 남궁정희 글 · 그림 | 노란돼지 | 2017

앵커 씨는 늑대이지만, 흔히 떠올리는 탐욕스럽고 위험한 이미지가 아닌, 소박하고 성찰적인 존재이다. 그는 기자로서 공장식 농장을 취재한다. 좁고 어두운 공간에 갇혀 살아가는 돼지, 닭, 소와 같은 동물들을 바라보며 '다 함께 행복하게 살 수는 없을까?'라는 질문을 품게 된다. 그는 슈퍼마켓에서 고기를 사는 대신 자신의 텃밭을 일구고, 직접 요리를 해먹기 시작한다. 물고기를 먹고 싶을 때는 낚시를 하러 가기도 하지만, 낚싯줄에 걸린 물고기의 눈물을 본 순간, 앵커 씨는 함께 살아가는 방법을 선택하기로 결심한다. 자신만의 행복에 머물지 않고 타자의 고통에 민감하게 반응하는 존재로 성장하는 앵커 씨의 모습은, 독자들 역시 스스로의 삶을 되돌아보게 만든다.

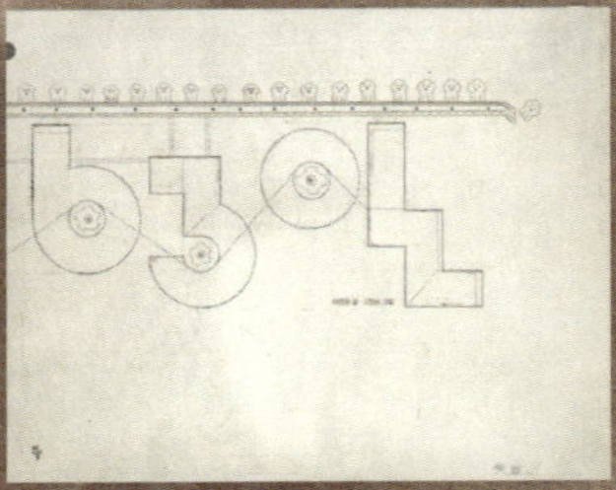

『63일』

허정윤 글 · 고정순 그림 | 반달 | 2020

『붉은신』

오승민 글 · 그림 | 만만한책방 | 2022

『이빨 사냥꾼』

조원희 글 · 그림 | 이야기꽃 | 2014

동물, 대상이 아닌 존재로

최근 환경 파괴와 멸종 위기에 처한 동물들을 주제로 한 그림책들이 다양하게 출간되고 있다. 특히 동물권이라는 주제에 꾸준히 목소리를 내며 독자들에게 깊은 울림을 주는 작가들이 눈에 띈다. 대표적인 인물로 고정순 작가를 꼽을 수 있다.

고정순 작가는 글과 그림을 함께한 작품은 물론, 다른 글 작가와 협업한 그림책에서도 고통받는 동물들의 목소리를 진정성 있게 담아내며 동물을 위한 그림책을 꾸준히 선보여 왔다. 『63일』은 『우리 여기 있어요, 동물원』에서 호흡을 맞췄던 허정윤 작가와 협업한 두 번째 그림책으로, 동물권의 현실을 더욱 강렬하게 전한다.

가로로 펼쳐지는 큰 판형에 거친 질감의 회색빛 표지가 인상적이다. '63일'이라는 제목이 단단하고 각진 글씨로 새겨져 있고, 각 글자 안에는 나사와 선이 그려져 있어 공장의 기계가 돌아가는 듯한 느낌을 준다. 그 위로는 컨베이어 벨트에서 끊임없이 만들어져 떨어지는 작은 강아지 인형들이 묘사되어 있다. 독자는 자연스럽게 '강아지 인형 공장의 이야기일까?' 하는 호기심을 품으며 책장을 넘기게 된다.

본문은 위쪽에 글, 아래쪽에 그림이 배치되어 있으며, 흑백의 한정된 색조만을 사용해 무거운 현실감을 전달한다. 단조로운 색감 속에 담긴 생명과 존재의 무게는, 책을 읽는 내내 독자의 마음에 묵직한 울림을 남긴다.

'공장'으로 표현되는 그곳은 강아지 인형을 만드는 곳이 아니다. 펫숍에서 비싸게 팔기 위해 짧은 시간 동안 강아지를 대량으로 만들어내는, 이른바 '강아지 공장'이다. 그곳의 번식견들은 좁은 철창 속에서 임신과 출산을 반복한다. 이 과정도 끔찍한데, 강아지를 더 많이 만들기 위해 주사를 주입해 일 년에 한 번 정도 가능한 임신 주기를 63일로 앞당긴다. 사람들의 입맛에 맞게 컵 크기만큼 작게 만들거나, 유행하는 색으로 바꾸는 등 '상품'으로서 강아지가 만들어지는 과정이 아무런 감정 없이 그려진다. 그 과정에서 불량이 생기면 폐기하고, 상품 가치가 있는 강아지는 경매 시장에 번호를 매겨 판매한다. 좁은 진열장 안에 전시된 강아지들은 언제든 대체가 가능하다. 작가는 판화 기법의 하나인 에칭Etching을 활용해 생명을 경시하는 인간의 태도를 차가운 금속 위에 새겨넣고자 했다.

인간을 즐겁게 하기 위해 만들어지는 강아지뿐만 아니라, 인간 생활의 편의를 위해 희생되는 동물들도 있다. 『붉은신』은 살기 위해 붉은신을 찾아 나선 파란색 생쥐 꼬리끝의 모험담이다. 할아비 쥐는 무지개 끝 하얀 배에 병들고 아픈 동물을 기다리는, 생명을 살리는 신이 있다고 말한다. 죽음에서 삶으로 돌려보내 주는 붉은신을 찾으러 꼬리끝은 하얀 건물로 들어간다. 거대하고 차가운 이 건물 안에는 꼬리끝처럼 아픈 동물들이 가득하다. 수리나 뱀보다도 무서운 '두 발' 동물은 흰색의 실험복을 입고 무언가를 하고 있다. 그곳에는 검은 눈물을 흘리며 죽어가면서도 소리 내지 못하는 동물들이 방마다 가득하다. 지쳐 쓰러져 있는 꼬리끝에게 크고 붉은 해가 내리비춘다. 어두운 곳을 밝히는 빛은 식어가는 꼬리끝을 따뜻하게 감싸안는다. 꼬리끝은 살아야겠다고 생각한다. 하지만 그곳에는 죽어가는 친구들이 너무 많이 남아 있다.

2024년 유럽연합EU에서는 의약품 제조 과정에서 필수적으로 요구하던 '토끼 발열성 실험'을 기준에서 삭제했다. 올해 7월부터 의약품 안전성 검사 시 반드시 살아 있는 토끼가 아닌 '대체 시험법'을 활용해야 한다. 살아 있는 토끼를 대상으로 발열 여부를 시험하는 방법은 1912년 이후 지금까지 지속되어 왔다. 오랜 기간 이어져 온 동물 실험 중 일부가 마침내 사라졌다. 유럽평의회는 이 소식을 전하며 '토끼들의 사형 집행이 취소되었다'고 표현했다. 반면, 우리나라에는 2023년 기준으로 연간 488만 마리의 실험동물이 희생되고 있다. 하루 평균 1만 3천여 마리이며, 이는 매년 급증하는 추세이다.

생쥐는 인간과 유전자가 유사해서 실험동물로 많이 사용된다. 임신 주기가 3주 내외로 짧고, 한 번에 5~15마리의 새끼를 낳을 뿐만 아니라 한 세대가 매우 짧다. 따라서 노화 연구나 의약품 효능 연구에 적합하다는 이유로 오랜 시간 연구 현장에서 활용되어 왔다. 어느 날 나타난 할아비 쥐 또한 실험동물로 살아온 하얀 쥐였다. 눈이 먼 그에게는 기분 나쁜 냄새가 났다. 실험동물들에게 나던 바로 그 냄새였다.

"꼬리끝, 저 밑에 친구들이 아직 있어."

그 친구들은 오늘도 여전히 고통받고 있다. 4월 24일은 '세계 실험동물의 날'이다. 이날은 우리 주변에서 눈에 띄지 않지만, 과학이라는 이름 아래 고통을 감내하는 수많은 실험동물의 현실을 돌아보는 날이다. 그들도 고통을 느끼는 생명체이며, 생명으로서 권리를 지닌 존재임을 잊지 말아야 한다. 『붉은신』은 이 같은 현실을 어린이의 눈높이에 맞춰 상징적으로 전달하며, 지금 우리가 무엇을 보고, 외면하고 있는지를 되묻게 만든다.

아프리카에 위치한 고롱고사 국립공원에서 특이한 일이 일어났다. 코끼리의 상징이자 중요한 기관인 엄니가 없는 암컷 코끼리가 절반을 넘어선 것이다. 셰인 캠벨-스태튼 교수팀이 유전적으로 분석해 보니 사람들이 큰 엄니를 지닌 코끼리를 집

중적으로 선택해 죽인 결과, 엄니가 없는 코끼리가 급속히 진화했다는 결과가 나왔다. 아프리카 내전 당시 양쪽 모두 코끼리를 밀렵해 상아를 팔아 군비를 조달하고 고기를 먹었다. 내전 기간 동안 엄니가 있는 코끼리보다 엄니가 없는 코끼리가 다섯 배나 생존율이 높았다. 엄니의 유무가 동물 진화에 강력한 영향을 미친 사례이다.

'하얀색 금'이라고 불리는 상아는 오랫동안 귀한 공예품의 재료로 사용되었고, 무분별한 밀렵으로 수많은 코끼리가 인간의 손에 죽어갔다. 코끼리들은 그런 인간을 어떻게 생각할까? 『이빨 사냥꾼』에서는 코끼리가 사냥꾼으로 등장한다. 사냥꾼의 망원경에 사냥감이 보인다. 엄청난 크기의 사냥감은 화살을 맞고 쓰러진다. 사냥꾼들이 노린 것은 바로 인간의 치아이다. 이빨을 모두 뽑아 경매장에 넘기면, 그것으로 담배 파이프, 지팡이, 샹들리에 등 다양한 물건들을 만들어 소비한다. 사냥꾼과 사냥감이 바뀐 이상하고도 지독한 꿈에서 깬 아이는 꿈 이야기를 어른들에게 꼭 전해야겠다고 생각한다.

글이 거의 없는 이 그림책은 빨강과 파랑을 주조색으로 사용해 강렬한 인상을 준다. 단지 입장만 바뀌었을 뿐인데 그 충격과 여운은 그림책을 덮은 후에도 오래 남는다. 아이의 이야기를 들은 우리는 어떻게 해야 할 것인가. 그림책의 뒤표지에 어미 코끼리와 함께 걸어가는 새끼 코끼리가 보인다. 어미가 새끼와 함께 살기 위해 더 이상 엄니를 포기하는 일이 없기를 바란다.

『63일』의 에칭 판화 속 강아지, 『붉은신』의 눈물 흘리는 생쥐, 『이빨 사냥꾼』의 이빨을 잃은 코끼리는 모두 목소리를 내지 못하는 생명들이다. 하지만 그림책은 이 소리 없는 생명들의 아픔을 그림과 상징을 통해 독자에게 전하며, 그 고통의 무게를 함께 짊어지기를 요청한다.

지금도 수많은 동물이 우리가 외면한 현실 속에서 고통받고 있다. 그림책을 통해 그들의 이야기를 마주하는 것은 단순한 독서 이상의 의미를 지닌다. 그것은 외면했던 고통을 직시하는 용기이자, 다른 생명과 함께 살아가야 한다는 책임의 시작이 될 수 있다.

함께 읽으면 좋은 그림책

『나는』 이한비 글 · 고정순 그림 | 반달 | 2022

당시 4학년이었던 이한비 어린이의 글과 고정순 작가의 그림으로 완성된 그림책이다. 동물 실험의 현장을 비글의 시선으로 그려냈다. 매일 1만여 마리의 동물들이 화장품과 의약품 등 인간의 편의를 위해 죽어가고 있지만, 그 사실을 아는 사람은 적다. 특히 비글은 낙천적인 성격 때문에 실험동물로 자주 사용되며, 실험 도중 극심한 고통을 겪으며 죽음을 맞는다. 비글은 모두를 위한 일이니 괜찮다고 말하지만, 그림책은 독자에게 동물 실험의 현실을 돌아보게 한다. 불필요한 동물 실험은 이제 멈춰야 한다고 말하고 있다.

『곰들은 어디로 갔을까?』 김지은 글 · 그림 | 노란상상 | 2021

곰들의 초상화를 통해 사라진 곰들의 이야기를 들려준다. 연필로 세밀하게 그려진 초상화 속 곰들은 이미 사라졌거나 멸종 위기에 처해 있다. 왼쪽에는 액자에 담긴 곰들의 초상화가, 오른쪽에는 각 곰의 생김새와 생태적 특성, 그리고 사라지게 된 이유가 설명되어 있다. 말레이곰은 사람들이 쓸개와 발바닥을 탐내기 시작하면서 사라졌고, 시리아불곰은 작은 덩치 때문에 사냥이 쉬워서 멸종했다. 반달가슴곰도 인간의 사냥과 밀렵으로 위협받았으며, 복원 사업이 진행 중이지만 여전히 인간의 개발 활동으로 그들의 생존은 위태롭다. 그림책은 인간의 이익을 위해 다른 생명들을 희생시키는 현실을 반성하게 하고, 진정한 공존을 위한 의식을 일깨운다.

『이상한 나라의 그림 사전』 권정민 글 · 그림 | 문학과지성사 | 2020

사전의 형식을 빌려, 우리가 알고 있는 상식을 뒤집는 그림책이다. 그림책에서는 동물과 인간의 역할이 뒤바뀌어 있다. 개는 음료를 들고 산책을 하고, 인간은 동물원에서 철창 안에 갇혀 호랑이 가족에게 관찰당한다. 물고기는 낚싯대를 들어 인간을 낚고, 부엉이는 카페에서 인간을 팔에 올려 사진을 찍는다. 우리의 행동을 동물들의 시선으로 재현하면서 불편함을 일으킨다. 우리가 일상적으로 동물들에게 하는 행동이 얼마나 불합리한지를 상기시킨다. 마지막은 '성찰'이라는 단어로 끝맺으며, 우리가 동물을 대하는 방식을 깊이 돌아보게 한다.

°3

노동,

땀 한 방울의 가치

최근 평균 수명이 증가하고 직업 안정성이 줄어들면서, 노동에 대한 가치가 이전과 크게 달라지고 있다. 사람들은 여러 가지 직업을 경험하면서 일을 통해 자아 정체성을 찾으려고 한다. 부를 쌓기 위한 평생 직업이 아니라 내가 행복해지는 일을 하며 살기를 바라는 경향이 강해졌다.

2010년 사계절 출판사는 '일과 사람' 시리즈 20권을 출간했다. 이웃이 하는 일을 알면 세상이 보이고, 사람과 일의 관계를 이해하는 것은 곧 세상을 이해하는 것이라는 기획 의도로 만들어졌다. 사람은 일을 통해 가족을 부양할 뿐만 아니라, 자신의 재능을 발휘하며 행복한 삶을 살아가는 존재임을 일깨운다. 그림책에는 농부, 어부, 축산업자부터 소방관, 경찰관, 의사, 뮤지컬 배우, 만화가까지 우리 주변에서 열심히 살아가는 사람들의 모습이 그려져 있다. 단순히 일의 특성을 설명하는 데 머무르지 않고 그들의 애환까지 담아냈다. 독자는 간접 경험을 통해 다양한 일에 흥미를 느끼고, 서로가 연결되어 있음을 깨닫게 된다. 이는 세상을 향한 따뜻한 애정을 느끼게 한다.

더 나아가 일을 통해 자신을 발견하고, 이웃과 관계를 맺으며 세상을 살아가는 의미를 찾을 수 있도록 도와준다.

최근에는 새로운 노동의 패러다임이 등장하며, 노동의 가치가 보다 다양하게 평가되고 있다. 2019년부터 노란상상 출판사는 노동 인권을 주제로 그림책을 꾸준히 출간해 왔다. 사회에 꼭 필요한 노동이지만, 위험한 환경에서 일할 수밖에 없는 사람들을 조명한다. 우리는 그들의 헌신 덕분에 편안한 삶을 누리고 있다. 더 나은 사회가 되기 위해서는 노동의 가치를 올바르게 평가하는 시선이 필요하다.

국가가 보존하고 전수하려는 인간문화재, 세대를 이으며 맛을 지키는 장인, 좋은 먹거리를 생산하기 위해 수고로움을 마다하지 않는 농부, 거대한 바다에 나가 욕심 없는 삶을 사는 해녀들을 주목한다. 특히 '제주 해녀 문화'는 인류무형문화유산에 등재되기도 했다. 산소 공급 장치 없이 바다에서 해산물을 채취하는 해녀의 물질 기술은 공동체 안에서 전승되고 있다. 공동체의 연대를 통해 유지되는 제주 해녀 문화는 지역의 독특한 정체성을 상징할 뿐만 아니라, 자연친화적으로 살아가는 방식을 보여준다. 이와 더불어 거친 바다에서 해녀들의 안전과 풍어를 기원하는 잠수굿, 물질을 나가는 배 위에서 부르는 해녀 노래는 힘든 노동을 견디며 살아가는 원동력으로 재평가되고 있다.

이 장에서는 농부의 삶을 통해 땅이 길러내는 생명의 소중함을 배운다. 욕심부리지 않고 살아가는 삶의 자세에서 진정한 나를 발견하고 존재의 의미를 생각할 수 있다. 누가 알아주지 않아도 보이지 않는 곳에서 세상을 밝히는 이들의 노동과 땀의 가치를 알아본다. 마지막으로 일에 종속되지 않고 자아 정체성을 찾고자 하는 이들의 고민을 보며 진정한 쉼은 무엇인지, 왜 중요한지 살펴볼 것이다. 노동과 쉼의 균형은 인생의 여정에서 무엇보다 중요하기 때문이다.

『손이 들려준 이야기들』

김혜원 글 · 최승훈 그림 | 이야기꽃 | 2018

『모모모모모』

밤코 글 · 그림 | 향 | 2019

『나는 농부란다』

이윤엽 글 · 그림 | 사계절 | 2012

쌀 한 톨이 내게 오기까지

충남 부여군 송정마을은 2015년 문화체육관광부의 지원을 받아 '그림책 마을' 만들기 사업을 진행했다. 이 사업으로 송정마을은 부여군 최초의 벽화마을이자, '그림책 읽는 마을 찻집'이라는 현재의 모습을 갖추게 되었다. 이 과정에서 김혜원 글 작가와 최승훈 그림 작가는 마을 어르신들의 말씀을 토대로 『손이 들려준 이야기들』이라는 그림책을 만들었다. 정직하고 부지런한 농부들의 손이 들려주는 이야기는 우리네 가슴 속에 먹먹한 감동을 준다. 그림책의 주인공은 부지런히 삶을 일궈온 분들의 손이다. 농부들의 주름지고 투박한 손은 저마다의 사연이 깃들어 있고, 하나하나 고유한 특징을 지니고 있다. 그 손에는 각자의 인생이 고스란히 배어 있다.

밤중에 무서움을 이기기 위해 삽자루를 꽉 쥐던 손은 배짱이 들어 있고, 다른 사람을 구하기 위해 사고로 다친 손은 인정을 품고 있다. 평생 고된 일을 마다하지 않고 부지런히 움직인 손은 식구를 먹여 살리고, 자식과 손주에게 아낌없이 나누어주려는 손은 따뜻함이 담겨 있다. 예쁜 꽃 한 송이 따고, 편지 쓰는 손에는 다정함과 소박함이 묻어 있다. 농부는 아직도 손을 움직여 마음을 가라앉힌다. 평생 일을 하며 움직인 부지런하고 정직한 삶의 태도로 말이다. 우리는 손이 들려준 이야기를 보며 자연스럽게 우리의 할아버지 할머니를 떠올리게 된다. 덕분에 세대와 세대를 잇고, 지역과 지역이 만나는 소통과 공감을 불러일으킨다. 마음과 마음을 이어주는 그림책을 통해 우리는 인생을 배운다.

이와 다른 방식으로 농부의 삶을 유쾌하게 그려낸『모모모모모』는 2021년 볼로냐 라가치 상 논픽션 부문 스페셜 멘션을 수상했다. 이 상은 1966년부터 창작성, 교육적 가치, 예술적인 디자인을 기준으로 내용과 미술적 표현이 뛰어난 그림책에 주어지고 있다. 작가는 헌사를 통해 모나고 못난 막둥이에게 튼튼한 쌀알을 맺게 해준 아빠, 영원한 햇살로 비춰주는 엄마, 그리고 넘어지면 뼈로 묶어 지탱해 준 자매들에게 책을 전한다고 말했다.

눈물겹고 감동 어린 이야기가 펼쳐질 것 같은 그림책은 속표지를 넘기는 순간, 예상치도 못한 유머와 재치에 손뼉을 치게 된다. 농부가 모를 심고 수확하는 과정에서 오리와 참새들은 친구처럼 함께 등장한다. 벼의 한살이를 통해 사람, 소, 새들이 함께 먹고 살아가는 모습을 자연스럽게 그려냈다. 인간과 자연의 어우러짐이 돋보이는 그림책이다. 잘 자라던 벼는 강한 바람에 쓰러진다. 하지만 농부는 낙담하지 않는다. 다시 일으켜 세우며 생명을 되살린다. 농부의 모습과 함께 적힌 '뼈뼈뼈뼈뼈'는 단순히 쓰러진 벼 두 개를 하나로 묶은 표현이 아니라, 벼를 일으키고자 하는 농부의 굳은 의지를 상징한다. 작가의 글과 그림을 통해 뼈처럼 튼튼한 마음을 가진 농부의 곧은 심성이 느껴진다.

"다 먹었다 방심 말고 남은 밥톨 떼어먹자."

뒤표지의 문구를 읽으며 우리는 식탁에 올라오는 밥이 농부의 숭고한 노고에서 비롯된 것임을 깨닫는다. 재치와 유쾌함 속에 묻어 있는 진한 감동을 통해, 농부가 '모'를 심고 가꾸는 일은 단순한 쌀의 생산을 넘어, 모두를 살리고 먹이는 경이로운 노동의 몸짓이라는 사실을 알게 된다.

사계절 출판사는 2010년부터 중국집 요리사를 다룬 『짜장면 더 주세요!』를 시작으로 '일과 사람' 시리즈를 출간했다. 총 스무 권의 그림책에 다양한 직업을 그려내며 일하는 사람들의 생생한 삶을 간접적으로 경험할 수 있도록 했다. 『나는 농부란다』는 그중 아홉 번째 이야기로, 쌀 한 톨이 우리에게 오기까지 농부의 노고를 다색 목판화로 담았다. 이윤엽 작가는 나무판에 그림을 새긴 다음 물감을 발라 종이에 찍고, 다른 색을 더하기 위해 남은 부분을 파내서 또 찍는 과정을 여러 번 반복했다. 그는 고된 작업 방식을 마다하지 않고 정교한 작업을 통해 농부의 숭고한 노동을 오롯이 담아냈다. 나무판에 정성스럽게 새겨 넣은 작가의 결실이 농사를 짓는 농부의 땀과 노고를 떠올리게 하며 독자에게 더욱 깊은 감동을 준다.

"농부는 땅을 알고, 때를 잘 아는 사람이야."

바삐 움직이는 농부의 손은 온 마을에 연둣빛이 넘실거릴 때 비로소 쉼을 갖는다. 농부는 일 년 내내 일하지 않는다. 땅에서 농작물이 스스로 잘 자라도록 기다릴 줄 안다. 뜨거운 햇빛이 내리쬐는 여름에는 새벽에 나가 농작물의 작은 벌레와 진딧물을 떼어준다. 농부의 거친 손, 휘어진 허리, 단단한 다리는 먹을거리를 길러내고 모두를 살리는 힘이다.

겨울이 찾아오면 그동안 애쓴 땅과 농부는 휴식기를 갖는다. 쉼의 시간 동안 밥은 몸이 되고, 똥이 되고, 흙이 되고, 다시 밥이 된다. 다음 해에도 땅과 농부는 농사를 함께 하는 벗이 될 것이다.

함께 읽으면 좋은 그림책

『농부 달력』 김선진 글 · 그림 | 웅진주니어 | 2022

농부 달력에는 우리가 계절마다 느끼는 흙 내음, 바람 소리, 꽃의 향연이 고스란히 들어 있다. 조용히 시간을 멈추고 소중한 행복을 기록한다. 노부부의 모습을 보니 1년의 삶이 낭만적이고 유쾌하게 다가온다. 농부들은 키워낸 작물로 제철 음식을 먹는다. 소박하지만 풍요로움을 느끼며 살아간다. 그림책은 인생의 여유를 보내지 못하고 있는 이에게 멈춤의 시간을 가지라고 속삭인다. 자연이 주는 대로 받고 삶의 여유를 즐기라고 말이다.

『수박이 먹고 싶으면』 김장성 글 · 유리 그림 | 이야기꽃 | 2017

수박을 키워내는 농부의 말에 귀 기울여본다. 그는 수박을 먹기 위해 씨를 뿌리고 삭은 퇴비와 참한 흙을 채운 뒤 잘 자라라고 말한다. 싹을 틔우고 잘 자란 줄기를 솎아주며 묵은 볏짚을 깔아준다. 곁순을 따주고 진딧물도 잡아주며 고단한 노동을 감내한다. 뜨거운 여름에는 수박이 익기를 기다리며 낮잠을 잔다. 그리고 수박의 줄무늬가 또렷해지고 맑은 소리가 날 때, 사람들을 불러모아 정답게 나누어먹는다. 시인 함민복은 그의 시 「사과를 먹으며」에서, 우리가 사과를 먹는 것은 사과나무가 존재할 수 있게 한 우주 전체를 받아들이는 것이라고 말한다. 수박도 마찬가지다. 사과도 수박도 온 우주의 시각, 청각, 후각, 미각, 촉각의 공감각을 품고 자란다. 우리가 수박을 먹는 것은 자연의 이치와 순환을 깨닫는 과정이다.

『잘 자요, 농장』 유지니 도일 글 · 베카 스태틀랜더 그림 | 북스토리아이 | 2017

책장을 넘기기도 전에 따뜻함이 와닿는 『잘 자요, 농장』은 열심히 일한 농장에게 잠을 자라는 이야기이다. 앞 면지에 그려진 단풍이 든 나무와 뒤 면지에 그려진 눈 덮인 나무는 겨울 동안 농장이 평화롭게 쉼을 갖는 시간임을 보여준다. 수확이 끝난 농장은 농부 가족의 보살핌과 배려로 아늑한 겨울나기를 준비한다. 농장 곳곳을 돌보며 땅속에 남은 뿌리들이 얼지 않도록 짚을 깔아주고, 눈과 바람이 줄기를 꺾어버리기 전에 잘라준다. 그리고 낙엽이 정답게 벌레와 곰팡이들과 지낼 수 있게 한다. 농장의 모든 시설과 농기구, 닭이 겨울나기 준비를 끝내면 농장은 그제야 잠을 청한다. 그리고 다시 봄을 기다릴 것이다.

『어둠을 치우는 사람들』

박보람 글 · 휘리 그림 | 노란상상 | 2021

『코끼리 아저씨는 코가 손이래』

고정순 글 · 그림 | 노란상상 | 2019

『미장이』

이명환 글 · 그림 | 한솔수북 | 2020

보이지 않는 곳에서 흘리는 땀방울

동양에서 청소는 불순하거나 더러운 것을 깨끗하게 정화하는 행위로 인식된다. 『어둠을 치우는 사람들』의 환경미화원은 어둠 속에서 사람들의 흔적을 치우며 길을 밝혀준다. 어쩔 수 없이 떠나보내는 소중함이 깃든 것, 만지고 싶지 않은 더러운 것, 들키고 싶지 않은 부끄러운 것까지 말이다. 그들은 아침 햇살이 환하게 비출 수 있도록 어둠을 치우며 땀방울을 흘린다. 비록 몸에서 악취가 나는 불편함이 생기더라도 누군가를 위해 거리를 깨끗이 치우고, 손수레를 끌고 가는 이를 도와주며 행복을 느낀다. 그들은 비가 오고 눈이 와도 약속을 지키기 위해 묵묵히 일을 멈추지 않는다.

몇 해 전, 한 대학 도서관에서 공부하던 학생이 청소 노동자의 시위로 정신적 스트레스를 받았다며, 집시법 위반 혐의로 고소하고 손해배상을 청구한 사건이 있었다. 노동자의 권리를 위한 시위가 소음으로 치부된 이 사건은 공론의 장에 놓였다. 실제로 청소 노동자를 위한 복지는 거의 없다. 그들의 휴게 공간은 냉난방이 안 되거나 곰팡이와 석면에 노출되어 있을 정도로 열악하다. 언제나 보이지 않는 곳에서 자신이 맡은 일을 묵묵히 해내고 있지만, 사회적 관심은 여전히 부족한 현실이다. 우리는 그들이 외치는 목소리에 귀 기울이고, 그들의 노고에 감사해야 한다. 지금은 사각지대에 놓인 노동자를 향한 연대의식이 필요한 때이다.

누군가는 자신의 목숨보다 타인의 안전을 지켜주기 위해 위험을 무릅쓰고 일한다. 소방관은 화재 예방과 진압이라는 전통적 업무 이외에 국가의 모든 안전사고를 담당하고 있다. 그들은 시민의 안전을 지키기 위해 용기와 희생정신을 발휘한다. 『코끼리 아저씨는 코가 손이래』는 우리 사회가 소방관에게 당연하게 요구하는 이타심과 의협심에 대한 물음을 던진다. 코끼리 아저씨는 위험에 처한 동물들을 구하고, 문제가 생긴 동물의 일을 해결해 준다. 불이 나면 낡은 방화복을 입고 들어가 뜨거운 열기를 이겨내며 불을 끈다. 낡은 소방 호스에서 물이 제대로 나오지 않아서 코로 물을 뿜으며 쉴 새 없이 불을 끄던 코끼리 아저씨의 코는 점점 헐어간다. 설상가상으로 방화복에는 구멍이 숭숭 나 있다. 하지만 누구도 코끼리 아저씨의 위험을 알아채지 못한다. 오히려 그의 희생을 당연하게 여길 뿐이다.

최근에 홍제동 화재 사건을 다룬 영화가 개봉했다. 이 일은 당시 소방관들의 열악한 처우를 사회에 알리는 계기가 되었다. 24시간 맞교대였던 격일 근무는 3교대로 바뀌었고, 비옷에 불과했던 방수복은 방화복으로 교체되어 지원받을 수 있게 되었다. 이후 소방관들의 처우가 조금은 개선되었지만, 부상 시 치료비 지원은 여전히 광역자치단체마다 다르다. 지금도 소방관들은 불길 속에서 사람을 구하다 순직하는 경우가 많다. 작가는 소방관들이 열악한 환경으로 인해 희생되는 일이 반복되지 않기를 바란다. 작품을 통해 그들의 땀이 헛되지 않게 화염으로부터 보호받을 수 있는 방화복, 불을 끄는 소방 기구에 대한 철저한 점검과 아낌없는 지원이 필요하다고 강조한다. 그들의 소중한 목숨이 지켜질 때, 우리의 안전도 보장받을 수 있음을 잊지 말아야 한다.

아들이 아버지의 직업을 지켜보며 노동의 숭고함을 느끼고 감사함을 전하는 이야기도 있다. 평생 미장이로 살아온 아버지의 모습을 보고 자란 이명환 작가는 『미장이』를 통해 아버지의 노고를 이해하는 과정을 담았다. 아버지는 새벽에 나가 밤늦게 들어오는 가장이다. 한 달이 넘게 공사 현장에서 일하고 집에 돌아올 때도 있다. 바쁜 아버지는 가족과 함께 있지 못하지만, 집 안 곳곳에는 그의 손길이 닿은 타일이 존재한다.

생산직이나 육체노동자를 일컫는 '블루칼라' 직업군은 종종 아이의 동기부여를 위해 '공부 안 하면 저렇게 된다'라는 말로 비하되고는 한다. 현장의 고된 육체노동을 상징하는 블루칼라는 사무실에서 일하는 화이트칼라에 비해 외면받는 직업군이었다. 하지만 최근에는 인공지능으로 대체할 수 없는 전문 기술직으로 재조명받으며 높은 가치를 인정받고 있다.

모든 노동은 숭고하며 존중받아야 한다. 직업에는 귀천이 없다. 작가는 작품에서 타일 예술가인 아버지가 집 안을 가꾸듯 도시의 건물 외벽, 지하로 내려가는 벽면, 수영장과 목욕탕에 있는 타일을 꾸미는 모습을 그렸다. 그림책에는 몬드리안의 〈브로드웨이의 부기우기〉, 에드가 드가의 〈춤추는 여인〉, 〈욕조〉가 오마주 되어 일상 속에 예술이 함께하고 있음을 보여준다. 아버지의 일이 일상 속 예술이 되고, 작가가 그린 서울 도심의 풍경은 아버지가 꾸민 세상이라는 사실을 보여준다. 그렇게 아들은 미장이로 살아온 아버지의 모습을 보며 성장했고, 『미장이』를 쓴 그림책 작가가 된다. 아버지의 작품은 일상을 살아가는 사람들에게 예술이 되어 세상을 밝히고 있다. 아버지의 일이 가족을 부양하는 노동을 넘어, 세상을 아름답게 꾸미는 예술임을 이야기한다.

세 그림책은 보이지 않는 곳에서 묵묵히 자신의 일을 해나가는 이들을 응원한다. 더 나아가 그들의 노고가 헛되지 않도록 사회의 관심과 인식 변화가 필요함을 말하고 있다.

함께 읽으면 좋은 그림책

『안녕, 나의 등대』 소피 블랙올 글 · 그림 | 비룡소 | 2019

바다 한가운데 빛을 밝히는 등대에는 아무도 알아주지 않아도 묵묵하게 일을 하는 등대지기가 있다. 그림책은 처음부터 끝까지 바다에서 등대를 지키는 등대지기의 삶을 보여준다. 바다의 잔잔함과 거친 풍파를 담담하게 받아들이는 등대지기를 통해 우리 사회에서 사라져가는 것들에 대해 안부를 묻는다. 등대지기는 등대를 지키며 천에 고래 모양의 수를 놓아 간직한다. 더는 등대지기를 할 수 없게 된 그가 남긴 고래의 모습은 '멸종'과 연결된다. 이는 자연과 인간이 같은 처지에 놓여 있음을 의미한다. 등대지기는 단순히 등대를 지키는 일을 넘어, 바다의 모든 것을 지키며 보호하고자 했음을 알 수 있다.

『나의 를리외르 아저씨』 이세 히데코 글 · 그림 | 청어람미디어 | 2007

'를리외르'는 프랑스어로 제본을 뜻하는 말로, 낡고 망가진 책을 새롭고 아름답게 고쳐 오래 쓸 수 있도록 한다는 의미도 담고 있다. 이 그림책의 주인공 소피는 자신이 아끼는 식물도감 책이 망가져 를리외르 아저씨를 찾아간다. 아저씨가 책을 고치는 것은 묵묵히 자리를 지키며 누군가의 지나간 시간과 소중한 추억을 보관해 주는 따뜻한 일이다. 그림책을 그린 이세 히데코 작가는 실제 오랫동안 를리외르 공방을 취재한 뒤 작품을 완성했다고 한다. 작가는 그의 삶을 관찰하고 사유하며, 세월에 사라지지 않게 낡음을 재창조하며 살아가는 예술가의 노고에 감사하는 마음을 담았다.

『바닷가 탄광 마을』 조앤 슈워츠 글 · 시드니 스미스 그림 | 국민서관 | 2017

소년들은 금방이라도 허물어질 것 같은 놀이터에서 그네를 탄다. 그들은 이제 두 개밖에 남지 않은 오래된 그네에 올라타 발을 힘껏 구른다. 저 멀리 바다 너머의 세상을 바라보며 미래에 대한 희망을 품는다. 하지만 그네는 영원히 올라가지 않고, 다시 내려와 바다 저 아래 깊은 곳에서 석탄을 캐는 아버지를 향한다. 바닷가 탄광 마을의 소년들은 할아버지 때부터 이어져 온 광부라는 직업을 운명처럼 받아들인다. 할아버지가 광부로서 생을 마감한 묘지, 현재를 살아가는 소년의 삶이 잔잔한 파도와 어우러져 바다의 풍경과 함께 공존한다. 포기하지 않고 희망을 안고 살아가는 이들이 서로를 기억하며 고달픈 탄광 마을을 지켜가고 있다.

『매미』
숀 탠 글 · 그림 | 풀빛 | 2019

『그들은 결국 브레멘에 가지 못했다』
루리 글 · 그림 | 비룡소 | 2020

『난 곰인 채로 있고 싶은데…』
요르크 슈타이너 글 · 요르크 뮐러 그림 | 비룡소 | 1997

일에 종속되는 인간

현대 사회가 고도로 발전할수록 인간은 도덕성과 가치관 상실이라는 부작용을 겪는다. 그뿐만 아니라 비정규직 차별, 직장 내 괴롭힘, 부당해고 등 다양한 노동 문제를 겪기도 한다. 특히 비정규직 노동자는 정규직 노동자와 달리 근로시간, 계약기간, 고용형태 등에서 불안정한 노동 환경에 처해 있다. 법적으로는 비정규직 노동자에 대한 차별적 처우가 금지되어 있지만, 합리적 이유 없이 여전히 차별을 겪는다.

『매미』에 등장하는 매미는 회색 빌딩들이 빼곡한 도시에서 인간들과 함께 일한다. 매미가 17년 동안 하루도 쉬지 않고 일한 곳은 나무가 우거진 숲이 아닌, 도시 속 건물의 좁은 공간이다. 매미는 승진할 수 없고 인간이 쓰는 화장실조차 같이 쓸 수 없다. 차별을 겪으며 일하던 매미는 결국 일방적인 해고 통지를 받고 부당함에 저항하지도 못한 채 회사를 떠난다. 그는 건물 옥상의 난간에 올라선다. 마침내 빨간 날개를 펼치며 일과 위계의 억압에서 벗어나 하늘로 비상한다.

작가는 이주민으로서 차별받았던 아버지를 생각하며 매미

캐릭터를 완성했다고 한다. 그의 아버지는 끊임없는 노력으로 실력을 쌓았지만, 단지 이방인이라는 이유로 인정받지 못했다. 주인공 매미는 차별과 혐오를 받으며 살아가던 이주 노동자 아버지를 대변하고 있다. 그림책의 마지막 장면에서 매미가 날개를 파닥이며 푸른 숲을 향해 날아가는 모습은, 이름 없이 살아가던 노동자들에게 진심 어린 위로를 건네는 듯 하다. 또한 그들에게 관심과 애정이 필요함을 말하고 있다.

그림 형제의 이야기 「브레멘 음악대」를 패러디한 그림책 『그들은 결국 브레멘에 가지 못했다』에는 불안정한 환경에서 예고도 없이 일자리를 잃게 되는 주인공들이 등장한다. 원작에서 농장 주인에게 버림받을 처지에 놓인 주인공들은 음악가가 되기 위해 브레멘으로 떠난다. 한순간에 자신들의 존재가 쓸모없다고 느낀 동물들의 모습은 우리 시대를 살아가는 약자를 대변하고 있는지도 모른다.

모범 운전사였던 당나귀는 택시 회사에서 나이 들었다는 이유로 예고 없이 해고당한다. 편의점에서 아르바이트를 하던 고양이는 점주에게 상처 난 한쪽 눈이 험악해 손님을 쫓는다는 말을 들으며 쫓겨난다. 두부를 팔던 닭은 노점상을 단속하는 사람들에 의해 길 위에서 내쳐진다. 식당에서 일하던 개는 주인이 이사를 가게 되어 일방적으로 일을 그만두라는 통보를 받는다. 식당 주인은 미안하다고 말하지만, 직원이었던 개에 대한 예의는 찾아보기 어렵다.

이처럼 사회에서 쫓겨난 동물들은 주변인으로 살아갈 수밖에 없었던 우리 이웃의 모습을 떠올리게 한다. 그들은 가진 것이 없어서 미래가 불확실하지만, 희망을 포기하지 않는다. 산동네에서 만난 도둑들과 각자 가진 것을 모아 김치찌개를 끓여 먹으며, '브레멘'이 아닌 '지금, 여기'에서 새롭게 시작한다. 사회에서 다시 새롭게 살아갈 기회를 잃고 자신의 자리를 찾지 못한 이들이, 서로가 가진 작은 힘을 모아 연대하는 모습이다. 그들의 용기 있는 선택을 응원해 줘야 할 때이다.

『난 곰인 채로 있고 싶은데…』의 곰은 인간성을 잃고 기계 부속품처럼 살아가는 현대인의 모습을 대변한다. 표지에는 면도하고 있는 곰의 뒷모습이 보인다. 자세히 보니 거울 속에 곰을 감시하는 제복 입은 남자가 있다. 여기에 등장하는 곰은 인간의 통제와 감시 속에 살아가는 억압된 존재이다. 곰은 공장 감독, 인사과장, 전무, 부사장에게 자신은 곰이라고 말한다. 하지만 아무리 말해도 그들은 이야기를 듣지도 믿지도 않는다. 그들은 애초부터 들을 생각이 없고, 자신들의 말만 쏟아낼 뿐이다. 곰으로 부르기는커녕 '게으름뱅이', '지저분한 놈', '놈'으로 불렸다.

공장에서 곰은 무조건 작업복을 입고, 시키는 대로 반복적인 일을 해야만 했다. 곰은 시키는 대로 일하며 자신을 잃어간다.

어느 날, 피곤해진 곰은 졸음이 몰려와 본성대로 잠을 잔다. 이 일로 쫓겨난 곰은 짐을 챙겨 공장 문을 나선다. 눈이 내리던 길을 밤새도록 걷다가 방을 구하기 위해 모텔로 들어간다. 그는 곰에게는 방을 내주지 않는다는 직원의 말을 듣고, 그동안 자신이 곰이라는 사실을 잊고 지냈다는 것을 깨닫는다. 이는 정체성을 자각하는 순간이다. 이윽고 곰은 숲으로 걸어간다. 동굴로 들어간 그는 누구의 억압과 감시도 없이 깊은 겨울잠을 잔다. 드디어 자신의 정체성을 되찾을 시간을 갖게 된 것이다. 우리는 곰의 모습을 통해 자신의 삶을 발전시키는 데 지식과 기술을 개발하는 시간 이외에, 자신의 재능과 강점이 무엇인지 생각하고 내적 에너지를 채울 시간도 필요함을 알 수 있다.

세 그림책의 주인공들은 불합리한 환경 속에서 살아간다. 하지만 끊임없이 자기를 알기 위해 탐구하며 정체성을 찾고자 노력한다. 도대체 나는 누구이며 어떤 존재인가를 묻는다. 부당한 일을 겪은 주인공들이 일에서 벗어나 자아 정체성을 찾는 과정을 통해 용기를 얻게 된다. 삶에서 중요한 것은 자기 삶에 대한 만족감이나 긍정적인 감정을 느끼는 것이다. 그런 개인이 상대적 우열이나 절대적 상하 관계를 벗어나, 사회 공동체에서 존중받고 자신의 한계를 넘으면 사회는 아름다운 조화를 이룰 수 있다.

함께 읽으면 좋은 그림책

『블레즈 씨에게 일어난 일』

라파엘 프리에 글 · 줄리앙 마르티니에르 그림 | 그림책공작소 | 2020

블레즈 씨는 반복된 일상을 살아가던 중 갑자기 몸에 털이 나기 시작해 곰처럼 변한다. 그는 곰처럼 변한 자기 발을 숨기며 출근한다. 걱정과 두려움이 몰려오지만 자신을 돌볼 여유는 없다. 블레즈 씨는 빨리 원래의 모습으로 돌아오기를 바랄 뿐이다. 하지만 몸에는 점점 털이 많아지고 돌이킬 방법을 찾을 수 없다. 그는 더는 병들어가는 자신을 외면하지 않고, 진정한 휴식의 시간을 갖기 위해 숲으로 들어간다. 직장이라는 틀 속에 갇혀 있었던 블레즈 씨는 숲이라는 공간에서 해방감을 얻게 되고 건강한 자아를 찾는다.

『누가 진짜 나일까?』

다비드 칼리 글 · 클라우디아 팔마루치 그림 | 책빛 | 2017

표지를 펼치면 똑같이 생긴 두 사람이 있다. 누가 복제 인간이고 누가 진짜 나인지 알 수 없다. 경영자는 생산량을 늘리기 위해 조물주가 되어 복제 인간을 만든다. 속표지에는 양념 통에 은방울꽃이 그려져 있다. 은방울꽃의 꽃말은 행복이며 노동절에 노동자들이 연인에게 준 꽃으로 알려져 있다. 작가는 은방울꽃을 그려 노동하며 살아가는 이들에게 중요한 것은 사랑하는 사람과 보내는 행복한 시간이라고 말한다. 하지만 자비에 주변에는 사랑하는 이가 없다. 그는 기업의 이윤 추구를 위해 과도한 노동을 한다. 노동의 대가로 행복한 삶을 얻고자 하지만 어느 순간 일에 구속되어 본래의 나는 사라지고 없다. 우리는 현대 사회에서 일에 구속된 인간의 병폐를 마주하며 자신을 되돌아보게 된다.

『도시 악어』 글라인, 이화진 글 · 루리 그림 | 요요 | 2022

도시에 사는 악어는 자신이 선택하지 않은 도시의 삶에 무감각하게 적응하며 살아가고 있다. 세상 사람들은 그를 무서워하며 피하지만 악어는 도시에 적응하며 살아가려고 애쓴다. 그는 세상의 기준에 맞추며 살아가다가 어느 순간 모든 것을 버리고 물속에 뛰어든다. 그는 비로소 자유로움을 느낀다. 진짜 자신이 무엇을 갈망하고 있었는지 깨닫고 마음의 상처를 치유한다. 루리 작가의 감각적인 색이 더해져 주변부에서 소외되어 살아가는 이에게 힘을 주는 그림책이다.

『밥 · 춤』

정인하 글 · 그림 | 고래뱃속 | 2017

『행복한 청소부』

모니카 페트 글 · 안토니 보라틴스키 그림 | 풀빛 | 2000

『지하 정원』

조선경 글 · 그림 | 보림 | 2005

삶의 리듬, 쉼의 미학

휴가를 의미하는 '바캉스Vacance'는 '비어 있다'는 뜻의 라틴어 '바카티오Vacatio'에서 유래했다. 육체의 휴식과 더불어 마음에 쌓여 있던 고민이나 불편한 감정들을 비워내는 것을 의미할지도 모른다. 일과 휴식의 균형을 잘 찾는 과정은 얼마나 소중한 것인가? 삶은 '더하기'와 '덜하기'의 조절이다. 몸과 마음에 적절한 채움과 비움이 존재할 때 삶은 더욱 풍요로워질 수 있다.

일하는 사람들의 모습을 재미있고 신명 나게 표현한 그림책이 있다. 『밥·춤』에서 여성들의 일은 가족과 자신의 미래를 위한 생계 수단이다. 하지만 이들이 일하는 모습에서 우리는 그 '태도'를 본다. 새하얀 배경 위에서 이들은 세상을 향해 손과 발을 쭉 뻗는다. '사라락, 휘리릭 휙휙, 차라락 착착, 폴짝, 살짝, 뽀드득, 팡, 복복복, 뚱구두구 둥둥' 자유가 느껴지는 아름다운 몸짓이다. 건강해 보이는 둥글둥글한 팔과 다리로 씩씩한 자태를 뽐내고 있다. 그림책 속 여성들은 리듬에 맞춰 춤을 춘다. 퀵 서비스, 공사장, 외벽 청소, 세탁소 등 기존에 남성들이 많이 일해 왔을 법한 공간에서 여성들이 새처럼 가뿐하게 삶을 일구며 살아간다.

가벼운 몸놀림으로 뜨거운 돌솥비빔밥, 김치뚝배기, 돈가스, 생선구이가 담긴 쟁반을 층층이 쌓아 머리에 이고 배달한다. 오랫동안 삶의 무게를 견딘 사람만이 보여주는 여유로움이다. 단순히 돈을 벌기 위한 노동이 아닌, 누군가의 따뜻한 한 끼를 책임지는 배달의 천사이다. 진심이 담긴 춤사위는 온기 있는 밥과 찌개를 손님들에게 먹이고 싶은 마음에서 비롯된다. 두 발을 폴짝 뛰며 행여 쟁반에서 음식이 떨어지지 않도록 온몸으로 집중한다. 당장 밖에 나가면 만날 수 있는 반가운 얼굴들이 흥겨운 몸짓으로, 밥벌이하느라 애썼으니 춤이나 추고 가라고 우리에게 속삭인다. 다양한 현장에서 종횡무진 움직이는 여성 노동자는 정인하 작가의 그림을 통해 아름다운 삶의 생동감으로 재창조되었다.

『행복한 청소부』의 주인공은 자기가 맡은 거리와 표지판을 열심히 청소한다. 어느 날 아저씨는 자신이 열심히 닦았던 표지판의 인물들에 대해 아무것도 모른다는 사실을 깨닫고 삶의 변화를 겪는다. 아저씨는 청소가 끝난 후 책과 신문을 통해, 그리고 음악회에 직접 찾아가서 음악가에 대해 알아가기 시작한다. 공부를 통해 알게 된 예술의 아름다움은 그의 일상에 행복이 된다. 행복은 자신이 있는 환경에서 생활에 만족하며 즐겁게 살아갈 때 느낄 수 있는 감정이다.

자기 삶에 대한 만족감이나 긍정적인 태도는 스스로 만들어 가는 것이며 하루하루를 값지게 한다. 겹겹이 쌓이는 시간은 삶을 살아가는 태도가 된다. 아저씨는 청소를 끝내고 도서관에서 책을 읽으며 더 많은 깨달음을 얻는다. 이런 사실을 사람들에게 들려주면서 일상의 활력을 얻는다. 스스로 공부하고 성장하는 자신의 모습은 자율성장을 이루는 토대가 된다. 어느 날, 그에게 대학 강의 요청이 들어오지만 정중히 거절한다. 종일 표지판을 닦고 난 뒤, 오로지 자신의 즐거움을 위해 음악을 공부한 것으로 충분했기 때문이다. 그는 일을 통해 예술을 알아가는 즐거움을 만났다. 자신의 청소 일을 더욱 사랑하고 예술을 즐기는 일상을 완성한 것이다.

조선경 작가는 뉴욕에서 그림 공부를 하던 시절, 지하철 터널을 청소하던 모스를 만난다. 모스는 다양한 책을 읽고, 그림을 그리며, 틈나는 대로 작곡을 했다. 청소 일을 하면서도 예술을 즐기며 살고 있었다. 모스 아저씨는 아무도 알아주지 않아도, 지하에서 나는 악취를 없애기 위해 고인 물을 훔쳐내고, 벽에 앉은 검은 때와 곰팡이를 벗겨낸다. 날마다 조금씩 시간을 내어 청소를 하던 어느 날, 터널 벽에서 땅 위로 통하는 환기구를 발견한다. 그곳에 흙을 가져다 놓고 작은 나무를 심는다.

『지하 정원』 속 모스 아저씨의 모습은 어두운 지하에서 자라나는 초록빛 나무와 같았다. 시간이 흘러 지하에서 자란 작은 나무는 가지를 뻗어 환기구 밖으로 나온다. 나무가 자라고 사람들의 관심을 받기도 하지만, 이내 잊히고 또다시 시간이 흐른다. 어느 날, 누군가 바닥을 걷어내고 새로운 나무를 심는다. 그런 일이 반복되며 그곳은 나무가 우거진 작은 쉼터로 변해 갔다. 그 모든 일이 벌어지는 동안에도 모스 아저씨는 변함없이 승강장 청소를 마치고 지하 정원으로 발걸음을 옮긴다. 그는 여전히 달빛이 은은하게 비추는 곳에서 책을 읽고, 그림을 그리고, 작곡을 한다. 아무도 알아주지 않아도 그는 여느 때처럼 지하에서 하던 대로 청소를 하고, 자신만의 안식처를 가꾸며 살아가는 일상의 행복을 느끼고 있다.

우리 주변에 일상을 소중히 여기고 자기 직업을 사랑하는 사람이 얼마나 될까? 세 그림책 속 인물들은 자신에게 주어진 시간의 틈을 즐긴다. 리듬을 타며 몸짓하는 여성들, 예술을 공부하고 향유하는 청소부, 지하에 나무를 심고 책을 읽는 모스 아저씨는 노동을 하면서 지친 심신을 '쉼의 미학'으로 회복한다. 그들은 일상적인 노동과 더불어 사색과 예술을 통해 자신의 가치를 쌓아간다.

함께 읽으면 좋은 그림책

『별별남녀』 김장성 글 · 김유대 그림 | 이야기꽃 | 2021

별걸 다 나르는 별남 씨와 별걸 다 고치는 별녀 씨는 하루하루 성실히 살아간다. 그리고 고장이 나서 버려지고 쓸모없게 된 것을 재탄생시킨다. 그들은 열심히 살아가던 중에 자신들도 수리가 필요하다는 것을 깨닫는다. 이제는 자신을 돌보기 위해 함께 여행을 떠난다. 그곳에서 둘은 노란 달빛의 기운을 받고 행복을 찾는다. 별남 씨와 별녀 씨는 밤하늘의 별처럼 반짝반짝 빛을 내는 일상을 즐길 준비를 마쳤다. 이들의 이유 있는 쉼이 멋져 보인다.

『고양이 손을 빌려 드립니다』
김채완 글 · 조원희 그림 | 웅진주니어 | 2017

엄마는 좋아하는 산책도 하지 못하고 반복된 집안일로 지쳐갔다. 고양이의 손이라도 빌리고 싶다고 말하는 엄마에게 고양이는 자신의 손을 빌려 주겠다며 도움의 손길을 내민다. 엄마는 고양이 덕분에 계절의 냄새를 오랜만에 맛본다. 하지만 잠깐의 쉼이 주는 여유는 오래가지 못하고, 엄마는 점점 고양이로 변해버린다. 고양이에게 모든 걸 맡기고 무기력하게 자신을 잃어버리고 만다. 회사 일로 바쁜 아빠는 소중한 아내를 잃고 나서야 빈자리를 깨닫는다. 그동안 아내와 함께하지 못했던 일상의 시간을 후회한다. 그는 회사를 일찍 끝내고 돌아와 집안일을 하기 시작한다. 고양이로 변한 아내의 털을 다정하게 빗겨주고 함께 시간을 보낸다. 엄마는 서서히 제 모습을 되찾는다. 작가는 고양이로 변한 엄마를 통해 바쁘게 살아가던 이들이 잠시 자신을 되돌아보며 주변을 돌볼 기회를 맛보게 해준 건 아닐까?

『오, 미자!』 박숲 글 · 그림 | 노란상상 | 2019

앞 면지와 뒤 면지에는 택배 기사, 스턴트우먼, 이사 도우미, 전기기사, 건물 청소부로 일하는 미자가 그려져 있다. 다섯 명의 미자는 오늘도 인생의 매운맛, 쓴맛, 신맛, 짠맛, 달콤한 맛을 경험하며 열심히 살아간다. 누군가를 위해 망설이지 않고 용기 내어 뛰어들며, 누군가를 위해 숨 가쁘게 달린다. 미자들은 모두를 기분 좋게 하는 자신의 일을 사랑하며 책임감을 가지고 일한다. 숱한 고비에도 땀 흘리며 일하는 자신에게 누군가의 고맙다는 한 마디는 치유제가 된다. 미자들은 힘들 때 쉬어가는 지혜가 있다. 직업에 대한 자부심과 자기효능감으로 우리 곁에서 지치지 않고 나아간다. 혹시나 삶에 지쳐 용기를 잃은 이들이 있다면, 오늘을 살아가는 미자들의 모습을 보며 행복 에너지를 충전하기를 바란다.

° 4

아동 · 청소년,

아이들은 자란다

그림책을 읽을 때 좋은 점 중 하나는 내 안의 어린이와 만날 수 있다는 것이다. 그림책을 펼치면 그동안 잊고 지냈던 내 안의 어린이가 울고 웃고 자유롭게 뛰논다. 또 하나 좋은 점은 내 아이의 마음을 조금이나마 이해할 수 있다는 것이다. 작고 어리다는 이유로 자기 의견을 펼쳐보지 못했던 나의 어린 시절과 지금 내 곁에서 자라고 있는 나의 아이가 겹쳐 보인다.

'어린이는 어른의 축소판이 아니다', '어린이는 하나의 인격체이다' 너무도 당연한 말이지만, 실제로 우리에게 알려진 것은 백 년이 조금 넘었다. 오늘날에도 모자라고 미숙하다는 의미로 '~린이'라는 표현이 사용된다. 어린이를 하나의 인격체로 보지 않고, 어른을 기준으로 삼아 그들의 의견과 시선을 가볍게 여긴다. 대표적인 예가 정치 · 사회 문제에 대해 아동과 청소년이 목소리를 낼 때이다. '애가 뭘 안다고', '공부나 해'라는 말로 그들의 권리를 제한하거나 침묵을 강요하는 현실은 여전하다. 하지만 아이들도 더 이상 가만히 있지 않고 자신의 목소리를 내고 있다. 2019년에는 청소년들의 적극적인 요구와 사회적 공감이 모여 선거 연령이 만 18세로 하향되었다. 이는 청소년이 단지 '미래의 주인공'이 아니라, 지금 이 순간을 살아가는 사회의 구성원이며, 목소리를 가진 존재임을 인정받은 중요한 전환점이었다.

한국전쟁이 한창이던 1952년, 대구에서 김익달은 아이들에게 꿈과 희망을 주기 위해 종합잡지 『학원』을 창간했다. '학원 세대'라는 말이 있을 정도로 당시 아이들은 『학원』을 보며 자랐다. 전쟁이 막 끝나고 명랑할 수 없던 시절, 잡지에 등장한 얄개는 엄청난 인기를 끌었다. 조흔파의 「얄개전」을 게재한 첫 달 『학원』은 7만 부가 판매되었고, 두 달 뒤에는 8만 부의 판매고를 올렸다. 연재가 끝나자마자 출간된 단행본은 무려 50만 부가 판매되었다. 그만큼 당대 독자들은 얄개의 이야기에 폭발적으로 반응했다.

'얄개'는 짓궂은 장난꾸러기라는 의미로, 얄개의 장난은 어른들의 권위와 사회의 부당함을 향한다. 「얄개전」의 배경이 되는 곳은 학교와 가정이다. 얄개는 민주주의를 말하면서도 성적에 의한 차별과 엄격한 규율, 학생들의 의견에 반하는 학교 운영에 일탈하는 문제아의 전형을 보여주며 독자들에게 웃음과 감동을 준다. 시대마다 저항의 대상은 변하지만, 권위에 맞서고 부당함에 저항하는 얄개와 같은 캐릭터는 지금도 계속해서 등장하고 있다.

이 장에서는 다양한 어린이와 어른을 만날 수 있다. 어른이 어린이를 어떻게 대해야 하는지 안내해 주는 그림책을 소개한다. 옛이야기를 변주해 아이들을 향한 폭력과 성폭력을 다룬 그림책도 함께 실었다. 세상에는 취약한 환경에 노출된 아이들이 아직도 많다. 거짓말 같지만, 진실인 이야기들을 제대로 마주하고 받아들여야 한다. 아동학대가 가장 많이 일어나는 곳은 다름 아닌 가정이다. 폭력에 노출된 아이들은 또 다른 위험에 쉽게 빠질 수 있고, 폭력은 대물림될 가능성이 높다. 이 고리가 더는 이어져서는 안 된다. 이 장에서 소개하는 그림책들이 어린이들의 목소리에 귀 기울이는 첫걸음이 되었으면 좋겠다.

『어른들은 왜 그래?』

윌리엄 스타이그 글 · 그림 | 비룡소 | 2008

『이슬이의 첫 심부름』

쓰쓰이 요리코 글 · 하야시 아키코 그림 | 한림출판사 | 1991

『난 뭐든지 할 수 있어』

아스트리드 린드그렌 글 · 일론 비클란드 그림 | 논장 | 2013

나도 할 수 있어!

그림책 작가 윌리엄 스타이그는 한 인터뷰에서, 자신이 수많은 어른의 의무를 수행했지만 늘 스스로를 쥐어짜야 했고, 어쩐지 어른이 되었다고 느껴본 적이 없었다고 털어놓았다. 그는 환갑의 나이에 그림책 작가가 되어 95세에 생을 마칠 때까지 많은 작품을 남겼다. 늦은 나이에도 불구하고 누구보다도 어린이를 잘 표현한 그의 마음속에는 작고 순수한 어린이가 살아 있었을 것이다. 그의 그림책에는 다양한 어린이와 어린이의 눈에 비친 어른의 모습이 현실적으로 담겨 있다. 어른들에게는 도발적으로 느껴질 수 있는 제목의 『어른들은 왜 그래?』는 어린이의 시선에서 어른들의 이해할 수 없는 말과 행동을 꼬집는다. 출간된 지 30년 가까이 되었지만, 이 그림책은 세대를 넘어 여전히 공감을 불러일으킨다.

표지에는 자동차를 운전하고 있는 어른과 그 옆자리에 불만 가득한 얼굴로 앉아 있는 소년이 등장한다. 면지는 세로줄이 빽빽하게 그려져 있어 틀에 갇힌 듯한 답답한 느낌을 준다. 책장을 넘기면 표지에 등장했던 소년이 이번에는 작은 장난감 자동차를 끌고 간다. 소년은 여전히 만족스럽지 않은 표정을 짓고 있다. 한 장을 더 넘기면 이번에는 소년이 운전석에 앉아 있는데, 팔다리가 모두 밧줄에 묶여 이전보다 더 불만에 가득 찬 표정이다.

그림책의 본문에는 어린이의 시선으로 이해할 수 없는 어른들의 모순적인 모습이 펼쳐진다. 어른들은 자기들도 어릴 적이 있었다고 말하면서 아이들을 혼내는 걸 좋아한다. 깨끗한 손을 좋아하면서 아무 때나 뽀뽀를 요구한다. 언제든지 몇 시인지를 알고 있어야 하고, 뭐든지 치수를 재는 것을 좋아한다.

"어른들은 있잖아. 혼자서만 운전을 다 하려고 하지."

마지막 쪽에서 어린이용 자동차에 타고 있는 소년은 여전히 만족스럽지 못한 표정으로 앉아 있다. 'Grown-Ups Get To Do All The Driving'이라는 원제에서 힌트를 얻을 수 있듯, 반복해서 등장하는 자동차는 어른들이 모든 것을 제 뜻대로 하려고 한다는 것을 의미한다. 어린이의 인생까지도 핸들링하려는 어른들의 태도가 자동차를 운전하는 장면으로 표현된다.

『이슬이의 첫 심부름』은 첫 심부름을 나서는 아이의 설렘과 떨림, 두려움, 불안감 그리고 성취감을 담아낸 그림책이다. 아이에게 스스로 해볼 기회를 주고 기다려 주면 혼자서도 충분히 해낼 수 있다는 것을 보여준다. 국내에 처음 출간되었을 때는 '첫'이라는 글자만 검은색이 아닌 노란색으로 강조되어 있었다. 그만큼 처음이라는 경험은 특별하다.

다섯 살 이슬이의 첫 번째 심부름은 우유를 사오는 것이다. 엄마는 이슬이가 심부름 가는 뒷모습을 걱정스럽게 바라보는데, 이슬이는 엄마가 준 동전 두 개를 손에 꼭 쥐고 같은 방향으로 팔과 다리를 흔들며 앞으로 나간다. 커다란 담벼락, 씽씽 달리는 자전거 등의 풍경이 펼쳐지는 우유를 사러 가는 길은 이슬이에게 마치 모험처럼 느껴진다.

가게에 도착하기 전, 언덕길이 마지막 고비이다. 혼자 뛰어가다 넘어진 이슬이는 엄마와 함께였다면 울었을 테지만 동전이 걱정되어 얼른 일어난다. 우여곡절을 거쳐 가게에 도착했지만, 어른들의 눈에 이슬이는 작아서 잘 보이지 않는다. 가게 안에 혼자 남은 이슬이는 용기를 내어 큰 소리로 우유를 달라고 외친다. 비로소 이슬이를 발견한 아주머니는 이슬이에게 우유를 건넨다. 동생을 안은 엄마는 내리막길에서 우유를 사오는 이슬이를 기다리고 있다.

바빠서 심부름을 부탁했지만, 이슬이를 기다리고 있던 엄마의 모습에서 이슬이가 혼자 할 수 있도록 믿고 지켜봐 준 마음이 느껴진다. 이슬이가 사온 우유는 분유를 먹던 아기가 우유를 먹는 어린이로 성장한 것을 나타내는 상징적인 사물이다.

속표지에서 인형에게 분유를 먹이던 이슬이는 심부름을 다녀온 뒤 우유를 먹는다. 그러면서도 밴드를 붙인 한쪽 다리를, 동생에게 분유를 먹이는 엄마 무릎 위에 올려놓는다. 아직은 엄마에게 아이로 남고 싶은 이슬이의 마음을 보여준다. 엄마의 믿음과 이슬이의 용기 덕분에 오늘도 이슬이는 자랐다.

또 다른 다섯 살, 『난 뭐든지 할 수 있어』의 로타는 삼 형제 중 막내로 오빠와 언니에게 어린아이 취급을 받는 게 못마땅하다. 로타는 늘 자신은 뭐든지 할 수 있다고 말한다. 하지만 심부름해야 할 빵과 인형 밤세는 쓰레기통에 버리고, 정작 버려야 할 쓰레기는 가져오는 등 덤벙대고 실수가 많다. 오른쪽 신발 끈이 계속 풀린 채로 있는 로타를 보면 로타의 성격을 짐작할 수 있다. 그렇지만 아픈 베리 아줌마를 도와 설거지도 하고 바닥도 쓰는 마음 따뜻한 아이이다.

올해 크리스마스트리로 꾸밀 전나무가 다 팔려서 로타네 가족은 실망한다. 하지만 늘 주문처럼 긍정적인 말을 외우는 로타에게 기적 같은 일이 생기는데, 로타 앞에 전나무 한 그루가 트럭에서 떨어진 것이다. 로타는 그 사실을 알리기 위해 소리쳤지만, 운전사는 알아채지 못하고 가버린다. 로타는 근처에 있던 블롬그렌 아저씨의 허락을 얻고 전나무를 썰매에 실어 집까지 끌고 간다. 물론 나중에 돌아올 운전사 아저씨에게 줄 전나무값도 블롬그렌 아저씨에게 맡겨 둔다. 정직하고 따뜻한 마음을 가진 로타는 힘들어도 가족들을 위해 전나무를 집까지 가져왔고, 덕분에 가족은 행복한 크리스마스를 보낼 수 있었다. 로타가 거짓말한다고 생각했던 언니와 오빠도 로타가 뭐든지 할 수 있다는 것을 인정하게 되었다.

로타가 스스로 문제를 해결할 수 있었던 것은 로타의 성품뿐 아니라, 트집쟁이 거리의 이웃 어른들이 그런 로타를 지켜봐 주고 인정해 주었기 때문이다. 끝까지 포기하지 않고 자신만의 방법으로 문제를 해결하는 로타를 보면, 어린이는 어린이대로, 어른은 어른대로 내 안의 외침을 듣게 된다.

어린이들이 자신의 감정을 그대로 드러낼 수 있으려면, 그런 모습을 온전히 인정해 주는 어른들이 있어야 한다. 실수하고 실패하는 과정까지도 지켜볼 수 있는 어른들의 기다림과 관심 속에서, 어린이들은 다양한 경험을 해볼 수 있다. 어린이는 자신의 감정이 온전히 수용된 경험을 통해 솔직하고 건강하게 자랄 수 있다. 자신의 인생을 스스로 핸들링하며 '어른들은 왜 그래?', '난 뭐든지 할 수 있어!'라고 큰소리칠 수 있는 당당한 어린이가 많아지기를 바란다.

함께 읽으면 좋은 그림책

『용감한 아이린』 윌리엄 스타이그 글 · 그림 | 비룡소 | 2017

어린이에게 용기와 책임감의 가치를 전해주는 그림책이다. 아이린은 날씨가 좋지 않음에도, 아픈 엄마를 대신해 심부름을 하기로 결심한다. 바람이 강하게 불어 드레스가 날아가도 아이린은 절대 포기하지 않는다. 약속을 지키기 위해 빈 상자라도 가져가기로 한다. 무도회에서 사람들은 아이린의 용기와 결단력을 칭찬하고 따뜻하게 대해 준다. 아이린은 무도회의 일원으로 당당히 춤을 춘다. 그림책은 어린이의 용기를 북돋아 주는 어른들의 역할과 어린이가 자신감을 가지고 어려움을 이겨내는 모습을 보여준다. 마지막 장면에서 엄마는 아이린이 용감하고 사랑스러운 아이라는 사실을 누구보다 잘 알고 있다고 말한다. 그림책 속 어른들처럼 어린이를 믿고 지지하는 사회가 되어야 할 것이다.

『난 자전거를 탈 수 있어!』

아스트리드 린드그렌 글 · 일론 비클란드 그림 | 논장 | 2014

스웨덴의 국민 작가 아스트리드 린드그렌의 작품으로, 로타라는 다섯 살 소녀가 자전거를 타고 싶은 마음을 표현한 이야기이다. 로타는 자신보다 나이가 많은 오빠와 언니들이 자전거를 타는 것을 보고, 자신도 자전거를 타고 싶다고 생각한다. 하지만 어른들은 로타가 아직 어리다고만 한다. 결국 로타는 큰 자전거를 훔쳐 타고 달려보지만, 자전거가 맞지 않아 넘어지고 다치게 된다. 그러나 로타는 좌절하지 않고, 마침내 자신에게 맞는 자전거를 선물받아 신나게 달린다. 이 이야기는 회복력과 도전 정신을 보여주며, 어려움 속에서도 계속해서 일어나는 어린이의 모습을 따뜻하게 그려낸다.

『세상에서 가장 용감한 소녀』 매튜 코델 글 · 그림 | 비룡소 | 2018

소녀와 늑대가 다른 삶을 살면서도 서로의 삶을 존중하며 살아가는 이야기를 그린 그림책이다. 겉싸개의 앞날개와 뒷날개에 각각 소녀와 늑대가 그려져 있다 소녀는 부모님, 반려견과 함께 살면서 늑대의 울음소리를 듣고, 늑대는 자신들의 무리와 함께 살아가면서 소녀의 집을 바라본다. 눈이 내리는 날, 소녀와 새끼 늑대는 길을 잃고 헤매게 되고, 소녀는 용기 있게 새끼 늑대에게 손을 내민다. 새끼를 찾는 어미 늑대에게 새끼 늑대를 데려다준 소녀는 지쳐 쓰러진다. 늑대 무리는 고마운 마음을 담아 소녀가 있는 곳을 울음소리로 알린다. 소녀의 용기 있는 행동 덕분에 서로를 구할 수 있었던 것이다. 그림책은 어린 소녀의 용기와 공존의 가치를 아름답게 보여준다.

『내가 라면을 먹을 때』

하세가와 요시후미 글 · 그림 | 고래이야기 | 2009

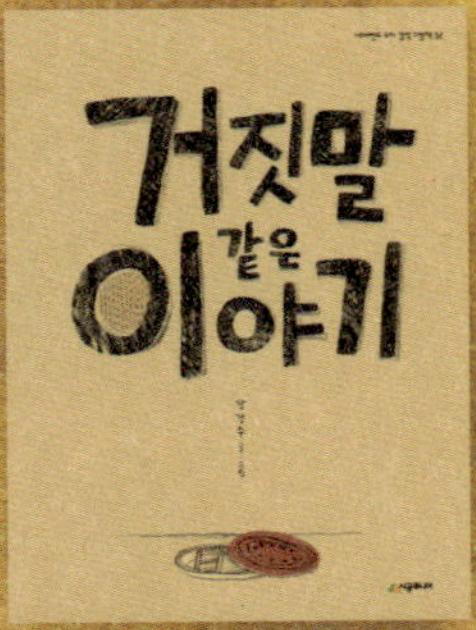

『거짓말 같은 이야기』

강경수 글 · 그림 | 시공주니어 | 2011

『돌아오지 못한 아이들』

고정순 글 · 그림 | 노란상상 | 2021

거짓말 같은 진실

평범한 일상을 누릴 수 있는 평화는 모든 생명의 가장 기본적인 소망이다. 그러나 그 '평범함'이 얼마나 특별한가를 우리는 종종 잊는다. 내가 따뜻한 국물에 김이 모락모락 피어오르는 라면을 먹을 때, 지구 반대편에서 한 아이는 자신의 생명을 지키기 위해 애쓰고 있을지 모른다.

『내가 라면을 먹을 때』는 일상의 감각을 통해 세계의 불균형을 아주 담담하게, 그러나 묵직하게 보여준다. 아이는 아주 일상적인 풍경 속에서 라면을 먹는다. 그 주변에는 밥을 먹는 아이, 텔레비전을 보는 아이, 심지어 화장실에 간 아이도 있다. 조금 더 멀리 시선을 돌리면, 자전거를 타는 아이도 있고, 한 끼 식사를 걱정하는 아이도 있다. 다음 장에는 허허벌판에 쓰러진 아이가 등장한다. 그림책의 프레임 하나하나가 세계의 격차를 동시에 보여주는 '창'이자 '경계'로 작동한다.

이 그림책은 단순한 감상에 머무르지 않는다. 그것은 현실의 절박한 통계와 맞닿아 있다. 유니세프에 따르면, 전 세계적으로 약 3억 3천 8백만 명의 어린이가 극빈곤 상태에서 살아가며, 하루 1.90달러 이하로 생활하고 있다. 이 아이들에게 '한 끼'는 생존이자 소망이며, 동시에 권리의 문제이기도 하다. 그래서 『내가 라면을 먹을 때』는 더 이상 단순히 '먹는 이야기'가 아니다. 우리가 일상에서 얼마나 많은 특권을 누리고 있는지를, 그리고 그 일상이 누군가에게는 결코 닿지 못하는 벽일 수도 있음을 일깨운다.

강경수 작가의 『거짓말 같은 이야기』는 지구에서 함께 살아가는 아이들이 겪는 어려움에 주목하며, 그들에 대한 관심을 촉구하는 그림책이다. 대한민국에 사는 솔이는 화가를 꿈꾸는 아이이다. 여러 나라에 살고 있는 아이들이 같은 방식으로 이름과 자신을 둘러싼 환경을 소개한다. 키르기스스탄에 사는 하산은 매일 지하 갱도에서 오십 킬로그램이 넘는 석탄을 실어 나른다. 인도에 사는 파니어는 카펫 공장에서 하루 열네 시간씩 카펫을 만든다. 파니어의 꿈은 가족을 위해 빚을 갚는 것이다. 차례로 보이는 아이들의 형편은 그림책의 제목처럼 '거짓말 같은 이야기'로 느껴진다. 거짓말 같은 이야기는 여전히 지구 저편에서 일어나고 있다.

2023년 국제노동기구ILO는 전 세계 1억 6천만 명의 아이들이 아동 노동에 종사하고 있으며, 그중 절반이 위험한 환경에서 일하고 있다고 발표했다. 특히 아시아와 아프리카 일부 국가에서는 아동 노동이 생계를 위한 선택이 아니라 강요된 조건으로 굳어져 있다. 이 아이들은 교육의 기회를 빼앗기고, 자아를 형성할 시기에 사회적 보호 없이 고통의 늪에 내던져진다. 『거짓말 같은 이야기』는 이 거대한 구조적 폭력을 독자에게 '아이들의 얼굴'로 직면하게 한다. 상황은 추상적이지 않으며, 아주 구체적이고, 무엇보다도 시급하다.

한국 사회도 결코 예외는 아니다. 우리나라에서 아동 노동은 불법이지만, 청소년들이 노동 현장에서 제대로 된 보상을 받지 못하거나 위험에 노출되는 경우가 많다. 고정순 작가의 『돌아오지 못한 아이들』은 국내의 현장실습생 산업재해 문제를 이야기한다. 2017년 제주도의 특성화고 실습생 이민호 군이 제품 적재기에 끼여 숨진 사건은 많은 국민에게 충격을 안겼다. 그러나 그 후로도 현장실습이라는 이름 아래 아이들이 값싼 노동력으로 전락하는 현실은 크게 달라지지 않았다.

이 그림책은 피리 부는 사나이에 이끌려 어디론가 사라진 아이들처럼, 지금도 집으로 돌아오지 못한 아이들의 모습을 보여준다. 보이지 않는 무언가를 들이마시며 열리지 않는 문 앞에서 무너지는 작은 사람, 차가운 길 위에 쓰러진 작은 사람, 거친 소음 속에서 계속해서 쓰러지는 작은 사람들. 더 빨리, 더 많이, 더 오래 일하라는 사회의 외침 속에서 '돌아오지 못한 아이들'이 점점 늘어만 간다. 왜 이 사회는 피리 부는 사나이의 어른들처럼 지금도 약속을 지키지 않는 걸까?

『내가 라면을 먹을 때』가 우리의 시선을 세계로 확장시키고, 『거짓말 같은 이야기』는 구체적인 고통을 보게 한다. 그리고 『돌아오지 못한 아이들』에서 그 고통이 바로 우리 사회의 문제이자, 우리의 책임일 수 있다는 점을 직면하게 한다. 그림책은 아이가 누구의 소유도 아니며, 아이는 아이일 뿐이라고 말한다. 이 자명한 문장이 실제 현실에서는 얼마나 많은 예외와 조건에 둘러싸여 있는지를 우리는 계속 물어야 한다. 지금도 아이들은 노동, 교육, 복지, 보호의 권리에서 목소리를 내지 못하고 있다. 지금 내가 평범한 일상을 살아가는 이 순간에도, 그 평범함이 누군가에게는 불가능한 사치라는 사실을 잊지 않아야 한다. 우리가 마주한 이 거짓말 같은 현실이, 언젠가 '거짓말 같은 변화'가 되기를 바란다.

함께 읽으면 좋은 그림책

『블룸카의 일기』 이보나 흐미엘레프스카 글 · 그림 | 사계절 | 2012

『안네의 일기』를 떠올리게 하는 이 그림책은 교육학자이자 사회운동가인 야누시 코르착과 그의 고아원에 살던 열두 명의 아이가 겪은 이야기를 담고 있다. 실제로 이 고아원에는 2백 명이 넘는 아이들이 있었으며, 이들은 2차 세계대전 중 독일 강제수용소에서 목숨을 잃었다. 유엔UN은 그의 사후 57년이 지난 1979년, 탄생 100주년을 맞아 그해를 '세계 아동의 해'로 지정하고 아동권리협약을 채택했다. 세상 모든 아이는 자기만의 비밀과 꿈을 가질 권리가 있고, 항상 아이들에게 진실을 말해야 하며, 남자든 여자든 똑같은 권리를 가지고 있고, 똑같은 일을 해도 된다는 코르착의 교육 철학을 통해 우리는 어린이를 어떻게 대해야 할지 배울 수 있다. 어린이는 그 자체로 인격을 가진 존재임을 결코 잊지 말아야 한다.

『나는 요정이 아니에요』 이지현 글 · 그림 | 사계절 | 2024

연필과 색연필로 따뜻한 색감을 표현한 그림책의 표지에는 목화 나무와 그 가지마다 열린 목화솜이 가득하다. 작가의 이름 아래에는 요정처럼 보이는 날개 달린 존재가 있다. 이들은 해가 질 때까지 작은 손을 움직이며 목화 나무 사이를 오간다. 지쳐 보이는 그들의 손에는 밴드가 감겨 있고, 자기 몸보다 큰 목화솜을 나르고 있다. 우리가 잘 아는 원료인 면은 보이지 않는 아동 노동에 의해 생산된다. 그림책의 뒤표지에는 가디언에 실린 '고용주들은 작물에 피해를 주지 않는 작은 손가락을 더 선호한다. 목소리가 없는 근로자들이다. 그래서 쉬운 표적이 된다'라는 다국적기업감시센터SOMO의 리포트가 실려 있다. 작가는 가까운 곳에 존재하는 이들이 아이답게 살아갈 수 있도록 우리의 관심을 촉구한다.

『우리는 모두 소중해요』

국제엠네스티 글 · 존 버닝햄 외 27명 | 사파리 | 2008

국제엠네스티Amnesty International가 세계인권선언 60주년을 맞아 그 내용을 널리 알리기 위해 기획한 그림책이다. 어린이들에게 인간다운 삶을 위한 권리를 알려주기 위해, 남아프리카공화국, 스웨덴, 호주, 한국, 일본 등 세계적인 일러스트레이터들이 협업해 서른 가지 조항에 맞는 개성적인 그림을 완성했다. 그림책은 세계 16개국, 21개 언어로 동시 출간되었으며, 참여 작가들은 작업한 금액을 모두 기부하는 의미 있는 작업에 동참했다. 'We Are All Born Free'라는 원제에서 알 수 있듯이, 어떤 환경에 처해 있든 자유는 세상 모든 사람에게 주어진 권리이다. 전 세계 어린이들이 모두 소중한 존재임을 알게 되기를 바란다.

『숲속으로』

앤서니 브라운 글 · 그림 | 베틀북 | 2004

『빨간 모자』

에런 프리시 글 · 로베르토 인노첸티 그림 | 사계절 | 2013

『울음소리』

하수정 글 · 그림 | 웅진주니어 | 2018

위험에 노출된 아이들

한 소녀가 한 손에 바구니를 들고 어두컴컴한 숲길을 홀로 걸어가고 있다. 당장이라도 무언가가 튀어나올 것 같은 두려움이 느껴진다. 여기까지만 들어도 많은 사람이 자연스레 『빨간 모자』를 떠올릴 것이다. 앤서니 브라운은 위험과 경고를 나타내는 '빨간' 모자를 현대적인 시각으로 재해석했다. 『숲속으로』에서 17세기 말 여자아이였던 빨간 모자는 남자아이로 변주된다. 전날 밤, 부모님의 싸움이 있었다. 소년은 천둥 번개가 치는 듯한 무시무시한 소리에 잠이 깬다. 다음날 아빠는 집을 나가고 절망에 잠긴 엄마만이 남아 있다. 멍한 표정의 엄마는 소년의 아침도 제대로 챙기지 못한다. 소년은 불안하고 어두운 집안 분위기를 직감한다. 엄마는 소년에게 아픈 할머니에게 케이크를 갖다주라는 심부름을 시킨다. 소년은 엄마의 경고에도 불구하고, 아빠가 돌아오셨을 때 집에 있고 싶은 마음에 용기 내어 지름길인 숲으로 향한다.

숲에서 늑대를 만났던 빨간 모자와 달리 소년은 이야기 속 아이들을 차례로 만난다. 첫 번째로 만난 아이는 『잭과 콩나무』의 잭이다. 젖소를 데리고 가던 잭은 젖소와 소년의 바구니에 있는 케이크를 바꾸자고 한다. 소년은 할머니가 아파서 안 된다고 말하며 지나친다. 잭은 나도 아프다며 등 뒤에서 소리친다. 두 번째로 만난 금발 머리 여자아이는 『골디락스와 세 마리 곰』에 나오는 골디락스다. 골디락스 또한 바구니의 케이크에 관심을 보인다. 맛있는 케이크를 나에게 달라는 골디락스를 뒤로하고 소년은 계속 걸어간다. 세 번째로 만난 이야기 속 인물은 『헨젤과 그레텔』 남매이다. 그들은 잔뜩 웅크린 채 모닥불을 쬐고 있었다. 엄마 아빠를 기다리고 있는 그들을 지나쳐 가는 데 뒤에서 여자아이의 울부짖는 소리가 들린다. 소년은 생각한다.

'내가 무얼 할 수 있겠어요?'

미성년자인 아이들은 어른의 보살핌이 필요하다. 그림책에 나오는 등장인물들은 하나같이 배고프고, 버려지고, 보살핌을 받지 못하는 아이들이다. 어른들의 도움을 받지 못하는 아이들의 처지가 위태로워 보인다.

할머니 댁에 도착하니, 할머니와 할머니의 의자에 앉아 있는 아빠가 있다. 앤서니 브라운의 책에서 '모성'을 상징하는 의자에 앉아 있는 아빠의 모습은 아직 완전한 성인으로 독립하지 못한 아빠의 현 상황을 보여준다. 소년은 아빠를 모시고 집으로 돌아온다. 아이를 방치한 엄마와 제대로 어른이 되지 못한 아빠 사이에, 아이가 중재자가 되어 화해시켜 주는 그림책을 통해 올바른 부모의 역할을 다시금 생각해 보게 된다.

방치된 아이들의 모습은 로베르토 인노첸티의 『빨간 모자』에서도 드러난다. 콘크리트와 벽돌로 이루어진 도시 숲, 변두리 아파트에 사는 소피아는 위험한 환경에 노출되어 있다. 이곳의 아이들은 폭력적인 미디어에 노출된 채, 부랑아와 쓰레기로 가득한 도로를 홀로 다닌다. 소피아의 엄마는 소피아에게 할머니의 말동무를 해드리라는 심부름을 시킨다.

도시 숲은 먹잇감을 찾아 눈을 부릅뜨고 코를 킁킁거리는 자칼 같은 사람들이 사냥감을 기다리고 있다. 그들은 어린 소녀를 노리는 성폭행범들이다. 그때 사냥꾼 같은 남자가 나타난다. 이 남자는 소피아를 도와주는 것처럼 보이지만 사실은 그를 교묘하게 속여 납치하려는 함정이었다. 결국 소피아는 납치되고 만다. 원작에서 사냥꾼은 빨간 모자를 도와주는 인물이었지만, 이 그림책에서 사냥꾼은 늑대와 한패이다.

이 그림책은 액자식 구조로 이루어져 있다. 소피아와 소피아의 이야기를 듣고 있는 열악한 환경에 놓인 아이들이 등장한다. 이야기가 끝나자, 소피아와 비슷한 환경에 살고 있는 아이들은 안타까움에 울음을 터뜨린다. 다행히 두 번째 결말이 존재한다. 나무꾼이 늑대를 미리 알아보고 신고하는 것이다. 늑대가 붙잡혀 소피아는 안전하게 엄마의 품속으로 돌아간다. 이야기의 결말을 바꾸는 것은 어른들의 관심과 행동이다.

하수정 작가의 『울음소리』는 '보이는 침묵'과 '들리는 외면'에 대해 이야기한다. 한 아파트 단지, 누군가의 집에서 반복적으로 들려오는 울음소리. 그 울음은 분명히 '도움을 청하는 소리'이다. 하지만 이웃들은 그 소리를 들으면서도 나서지 않는다. '설마 진짜 학대겠어?', '괜히 끼어들었다가 문제가 생기면 어쩌지?'라는 망설임, 무관심, 방관이 켜켜이 쌓인다. 그 결과, 아이는 계속 울고, 울고, 또 울 뿐이다.

그림책의 가장 강력한 메시지는 시각적 구성을 통해 전달된다. 책장이 점점 펼쳐질수록 긴장감이 높아진다. 마지막 쪽에 이르러 책을 뒤집으면 회색빛 얼굴에 멍이 든 채 울고 있는 아이가 독자를 정면으로 바라본다. 침묵 속에 무너진 존재를 마주하는 순간, 독자는 불편함, 충격, 죄책감이 뒤섞인 복합적인 감정을 경험하게 된다. 이 구성은 실제 사건의 전개와도 닮아 있다. 점점 커지는 위기 신호를 '별일 아닐 거야'라며 지나치다가, 결국 돌이킬 수 없는 일이 벌어지는 현실 말이다.

실제로 2020년대에 발생한 정인이 사건, 천안 계모 아동학대 사망 사건, 인천 초등학생 형제 방임 사건 등은 모두 그 전에 반복적인 '신호'가 있었지만, 주변의 무관심 속에 방치되었다. 아동보호전문기관이나 이웃의 신고가 있었음에도 가정 내 문제라는 이유로 적극적 개입이 이루어지지 않았다. 이 그림책은 단순한 이야기에 그치지 않는다. 사회 구조 속 침묵과 외면을 고발하는 서사이며, 시각적 연출과 구성이 메시지 자체가 되어 독자를 행동으로 이끈다. 그저 읽고 넘기기에는 너무도 무겁고, 시급한 주제이기 때문이다.

『울음소리』는 앞서 살펴본 『숲속으로』, 『빨간 모자』와 맥락을 같이한다. 이들 그림책은 모두 아이들의 '보이지 않는 고통'을 시각화해 우리에게 눈을 뜨고 귀를 열라고 요청한다. 이 요청은 감정적 공감이 아닌 행동을 요구한다. 아동학대는 단순히 개별 가정의 문제가 아니라 사회 전체가 감당해야 할 공동의 책임이다. 학교, 이웃, 지역 사회, 그리고 정책 시스템 모두가 서로 연결되어 있어야만 비로소 아이들이 안전할 수 있다. 진정한 어른이라면 눈을 크게 뜨고 귀를 열어, 내 주변에 학대, 방임, 방치된 아이가 있는지 주의 깊게 살펴야 한다.

함께 읽으면 좋은 그림책

『아빠의 술친구』 김흥식 글 · 고정순 그림 | 씨드북 | 2019

'세상에 귀 기울여요' 시리즈로 김흥식, 고정순 작가가 협업한 그림책이다. 주취폭력을 당하는 아이가 자라면서 느끼는 감정이 고스란히 담겨 있다. 소주병을 감싸안고 있는 어두운 아빠의 모습이 그림책 전반의 상황을 보여준다. 시종일관 어둡고 우울한 그림은 아이의 감정을 대변한다. 술에 취해 엄마와 아이를 폭행하던 아빠의 주먹은 엄마가 집을 나간 후 더 세게, 더 자주 아이에게 향한다. 아이는 아빠의 주먹이 약해져서야 폭력에서 벗어날 수 있다. 아이는 아빠와 똑같은 사람이 되지 않겠노라고 다짐한다. 술통에 담긴 아빠의 심장, 발, 주먹, 혓바닥과, 나를 기다리는 빈 술통을 떠올리며 굳게 다짐하는 아이의 모습에서 희망을 볼 수 있다.

『문어의 방』 그로 달레 글 · 스베인 뉘후스 그림 | 위고 | 2021

푸른색 배경 위로 검은 먹물이 떨어지는 표지가 인상적이다. 먹으로 그린 듯한 그림은 굵은 선으로 거침없이 장면을 가득 채운다. 금같이 빛나는 금이는 엄마와 아빠, 오빠와 함께 행복하게 살고 있다. 금이는 장난감 동물들을 좋아하는데, 가족을 동물에 빗대어 말한다. 시종일관 텔레비전을 보거나 핸드폰을 들여다보는 아빠는 타조에, 헤드셋을 끼고 비스듬히 누워서 금이를 바라보는 오빠는 원숭이에 비유된다. 그러던 어느 날 오빠는 문어가 되어 금이의 온몸 구석구석을 먹물로 덮고 꼼짝 못 하게 만든다. 금이는 엄마에게 모든 걸 털어놓고, 엄마는 튼튼하고 강한 독수리가 되어 금이에게 큰 힘이 되어준다. 글을 쓰고 그림을 그린 부부 작가는 친족 성폭력 센터에 모인 상담 사례들과 수많은 인터뷰와 기사를 바탕으로 그림책을 만들었다. 친족 성폭력은 가장 드러나기 어려운 범죄이다. 이 그림책의 문어 이야기를 빌려 피해 아동들이 자신의 이야기를 털어놓을 수 있기를 희망한다.

『달 밝은 밤』 전미화 글 · 그림 | 창비 | 2020

아이는 달을 본다. 커다란 보름달의 노란 빛이 마음을 따뜻하게 비춰준다. 아빠가 술을 마실 때도, 엄마가 한숨을 내쉴 때도, 아빠와 엄마가 싸울 때도 아이를 위로해 주는 것은 달이다. 부모님은 약속을 지키지 않았지만, 밝은 달은 아이의 친구가 되어주었다. 아이는 달과 함께 단단하게 자랐다. 나는 나를 믿을 것이라고 다짐할 때 비로소 아이의 굳센 얼굴이 보인다. 아이는 더 이상 가족에 기대지 않는다. 나를 믿고 달과 함께 살아갈 것이라는 아이의 말 뒤로 희망의 달빛이 환하게 비춘다.

°5

노인,

삶과 죽음에 대하여

종종 노인들은 키오스크나 인공지능AI 등 급변하는 시대의 기술에 적응하거나 대처하는 방법을 익히는 데 어려움을 겪는다. 그들은 은퇴 이후 사회에서 할 수 있는 일이 점점 줄어들며 위축된 삶을 살아간다. 자신의 자리가 좁아지는 현실을 마주하고, 살아온 인생에 대한 회의감과 자존감의 상실로 인해 심리적 어려움을 겪는다. 더불어 노인 빈곤 문제로 경제적 어려움에 부딪히기도 한다. 이러한 복합적인 상황은 노인 자살률 증가로 이어지며 심각한 사회문제로 대두되고 있다. 이러한 시점에서 우리는 고령화 시대를 외면해서는 안 된다. 누구나 나이가 들면 결국 노인이 되고, 죽음을 맞이하게 된다는 사실을 잊지 말아야 한다.

'죽음을 기억하라'는 뜻의 라틴어 메멘토 모리Memento Mori는, 전성기 이후 누구에게나 찾아오는 죽음을 떠올리며 늘 겸손하게 살아가야 한다는 교훈을 담고 있다. 현실에서 누리는 부귀영화도 죽음 앞에서는 무의미하다. 이는 하루하루를 더욱 소중히 여기며 살아가야 한다는 메시지로도 해석될 수 있다.

인간은 사계절을 거치며 희로애락을 경험한다. 싹이 트는 봄, 열정의 여름, 결실의 가을, 고요한 겨울이 반복되듯, 우리는 삶의 계절을 품으며 내면의 성장과 지혜를 쌓아간다.

1970년대 말 일본에서 시작된 '실버'라는 표현은 머리가 하얗게 변하기 시작하는 세대를 지칭한다. 유엔에서는 65세 이상을 노인으로 분류하지만, 명확한 의학적 기준은 존재하지 않는다. 요즘 같은 고령화 사회에서는 실버 세대의 영역이 더욱 넓어지고 있다. 실버들은 젊은 시절, 열정으로 자신을 불태우며 살아왔다. 이들은 수많은 시행착오를 겪으며 인생을 어떻게 살아가야 하는지 깨달았다. 말랑말랑한 복숭아가 단단한 씨앗을 품고 뜨거운 온도를 이겨내 향긋한 내음을 풂어내듯, 인생의 끝자락에 자기 존재를 증명했다.

'어른의 그림책'이라는 타이틀로 세계적인 사랑을 받은 『삶의 모든 색』은 아이, 소년, 자기, 부모, 어른 그리고 기나긴 삶으로 인생의 색을 담았다. 그림책은 실버들이 살아오면서 그 나이대에 느꼈을 감정을 감각적인 언어와 포스터 같은 그림으로 표현했다. 그림을 보는 동안 시원하게 내리는 청량한 빗줄기와 역동적인 바람을 맞는 듯한 감각을 느끼며, 그동안 지치고 힘들었던 여정에 위로를 받는다. 우리는 인생을 되돌아보며 개인의 경험에 따라 아름다운 색으로 표현된 그림에서 자신을 발견한다. 실버들이 '기나긴 삶'에 머무르며 인생을 돌아보는 시간은 아이, 소년, 어른의 마음이 닿을 수 없는 감정일 지도 모른다. 하지만 독자는 책을 덮고 나면 다정한 위로에 마음이 따뜻해지며, '삶의 모든 순간'을 소중하게 받아들여야겠다고 생각하게 된다. 아흔다섯 점의 그림을 만나면서 남은 인생이 무슨 빛깔의 그림으로 채워질지 상상한다. 각자의 인생이 그려온 빛깔은 결국 우리의 삶을 채울 수 있기에 말이다.

이 장에서는 아름다운 노년의 삶을 담은 그림책을 통해, 실버들이 자신의 몸과 정신을 돌보며 하루하루 최선을 다해 살아가는 모습을 살펴본다. 주체적인 여성 노인과 정년 이후 아버지의 노년에서 제2의 인생을 살아가는 의미를 발견하는 시간이 될 것이다. 더불어 죽음을 받아들이는 그들의 담담한 모습을 보며 인생을 마주하는 태도를 배울 수 있다.

『천하무적 영자 씨』
이화경 글 · 그림 | 달그림 | 2020

『도시에 사는 우리 할머니』
로렌 카스티요 글 · 그림 | 재능교육 | 2015

『할머니의 여름휴가』
안녕달 글 · 그림 | 창비 | 2016

주체적으로 살아가는 여성 노인

경상북도 칠곡군에는 래퍼 할머니들이 있다. 성인문해학교에서 한글을 배우고, 자작시로 랩 가사를 만들어 무대에 오른다. 젊은 세대의 전유물로 여겨졌던 랩을 할머니들이 부르는 모습은 많은 이들에게 신선한 충격을 주었다. '수니와 칠공주'는 한글을 배워 랩 가사를 쓰는 데 그치지 않고, 직접 무대에 올라 공연하는 가수로서 과감한 도전을 이어간다.

'나이가 들면 도전을 멈춘다'는 편견과 달리, 칠곡의 할머니들은 노년의 외로움을 극복하고 공동체 안에서 당당히 삶의 주체로 서고 있다. '수니와 칠공주' 다큐멘터리를 연출한 파트리차 스카프스카 감독은, 래퍼로 다시 태어난 할머니들의 이야기를 통해 노년의 삶이 재조명되기를 바란다고 말했다.

래퍼 할머니들의 세상을 향한 랩은 늙어가는 자신들에게 힘을 내라고 하는 주문이다. 할머니들의 랩은 씩씩한 외침이 되어 『천하무적 영자 씨』의 주인공 영자 씨에게 전해진다. 핑크빛으로 물들인 파마머리가 유난히 잘 어울리는 영자 씨는 틀니와 돋보기, 노인 보행기에 의지하며 산다. 하지만 입꼬리를 올리며 웃고 있는 영자 씨의 주름에서는 빛이 난다. 그는 김치만 있어도 누구보다 밥을 많이 먹고, 힘이 세며, 벌레도 무서워하지 않는다. 그뿐만 아니라 눈빛으로 옆 동네 이장의 불만을 단숨에 제압해 버리는 카리스마 있는 여장부이다.

누구보다 용감하고 씩씩하게 살아가지만, 영자 씨가 이길 수 없는 것이 하나 있다. 그것은 바로 늙어간다는 사실이다. 그림책은 영자 씨가 그동안 축적해 온 지혜와 활기를 발판 삼아 즐거운 삶을 계속 살아갈 것이라는 믿음을 준다. 우리는 신체적 노화에도 불구하고 삶을 소극적으로 살아가지 않는 영자 씨를 보며 '나이 듦'을 새롭게 인식하게 된다.

『도시에 사는 우리 할머니』에는 빨간 부츠와 멋진 코트 그리고 색안경과 모자를 쓴 멋쟁이 할머니가 등장한다. 이 그림책은 '할머니는 시골에 산다'는 고정관념을 깨뜨린다. 복잡하고 시끄러운 회색빛 도시에서 자신을 가꾸며 활기차게 살아가는 할머니를 보면 도시의 모습이 새삼 아름답게 느껴진다. 도시에서 멀리 떨어진 곳에 사는 아이는, 도시가 할머니들이 지낼 만한 데가 아니라고 생각한다. 아이처럼 사람들도 대부분 할머니와 어울리는 공간은 도시보다는 자연이라고 여길 것이다. 하지만 도시에 사는 할머니에게 도시는 특별하고 신나는 곳이었다.

할머니는 도시를 무서워하던 아이에게 빨간 망토를 선물한다. 슈퍼맨이 빨간 망토를 걸치고 소심하고 평범한 사람에서 초능력을 가진 영웅으로 변하듯, 아이도 망토를 걸치고 용기를 얻는다. 낯선 도시에서 겪는 아이의 불안을 할머니는 아이의 눈높이에서 소통하고 이겨내도록 도와준다. 지혜와 사랑이 담긴 할머니의 선물은 아이의 마음에 마법처럼 스며들어, 무서움과 삭막함으로 가득했던 도시를 편안함과 즐거움이 가득한 공간으로 바꾼다. 할머니의 지혜 덕분에 아이의 눈에 비친 도시는 활기차며 다양한 색을 내는 공간으로 기억된다. 도시에 사는 할머니와 아이의 이야기를 통해 세대 간에 이루어지는 행복한 소통에 대해 생각해 볼 수 있다.

『할머니의 여름휴가』의 표지에서 바다로 향하는 할머니는 분홍색 꽃무늬 원피스 수영복을 입고 자연과 동화된 모습을 보여준다. 삭막한 건물로 둘러싸인 할머니의 집은 곳곳이 정원처럼 꾸며져 있다. 화분에는 꽃과 나무가 자라고, 버려진 스티로폼 상자 안에는 정성스럽게 심은 고추와 배추가 자라고 있다. 집안에는 자연의 풍경을 담은 액자가 보인다.

손주가 바닷가 여행에서 가져온 소라 껍데기를 할머니에게 선물로 준다. 그 안에서 빨간 게가 부스럭부스럭 나오자, 반려견 메리는 소라에 몸을 넣으며 장난을 친다. 할머니는 소라 껍데기에서 들리는 파도 소리를 들으며 청량한 여름 바다를 상상한다. 어느새 할머니와 메리는 소라 속 바다로 휴가를 떠난다.

할머니는 수박 반 통을 들고 소라 껍데기 밖으로 나와 바다로 향한다. 고운 모래밭 위에서 하얀 속살을 드러낸 채 시원한 바다를 느낀다. 더위와 외로움에 지친 할머니는 뜨거운 여름에 선물 같은 모험을 즐긴다. 편안한 하늘색 바다는 뜨거운 여름날 휴가를 떠나는 할머니의 뒷모습을 감싸안는다. 나약하고 소외된 모습은 사라지고 없다. 할머니는 가져간 수박을 휴가에서 만난 갈매기와 물개들과 나누어먹는다. 모두가 한적한 바다의 여유를 즐기고 있다. 그는 그동안 달려온 인생의 길에서 오롯이 느껴보는 자신을 위한 여름휴가를 맞이한다. 뜨거운 햇살에 건강하게 그을린 살결은 모험의 증표나 다름없다.

할머니는 바닷가 기념품 가게에서 조개껍데기를 골라 집으로 돌아온다. 개운하게 목욕을 끝마치고, 고장 난 선풍기의 강풍 스위치에 조개껍데기를 갈아 끼운다. 생명이 끝난 듯했던 선풍기는 자연의 치유를 받고 회복되어 쓸모를 되찾는다. 끊임없이 식물을 키워낸 할머니의 생명력과 재생의 힘이 발휘되는 모습이다.

세 그림책 속 할머니들의 모습은 위축되는 노년의 삶에 기지개를 켠다. 그동안 우리가 여성 노인을 수동적인 존재로 인식했던 고정관념에서 벗어나게 한다. 할머니들은 주체적인 삶의 자세로 두려움을 극복하고 용감한 선택을 한다. 새로운 도전과 모험을 앞둔 이들에게 나이는 숫자에 불과하다는 사실을 몸소 보여준다.

함께 읽으면 좋은 그림책

『빨강이들』 조혜란 글 · 그림 | 사계절 | 2019

빨간 버스를 타고 떠난 할머니들의 마음은 처음에는 무채색처럼 조용하고 무던했지만, 어두운 터널을 지나고 북적이는 휴게소를 거치며 이내 단풍잎처럼 붉고 노랗게 물들기 시작한다. 붉은 산을 마주한 할머니들은 황홀감을 느낀다. 집으로 돌아가는 길에 강렬했던 단풍잎들이 쓸쓸하게 떨어지지만 할머니들은 낙담하지 않는다. 앙상한 가지를 드러낸 나무에 옷을 입혀주며 올겨울을 잘 넘겨야 한다고 따뜻하게 응원한다. 만감이 교차하는 마음으로 돌아오는 길, 나무들은 마치 할머니들의 따뜻한 마음을 되돌려 주듯 이불이 되어 그들을 포근히 감싸준다. 또 다른 여행지로 향하는 빨간 버스를 기다리는 할머니들은 이제 알록달록 유채색 옷을 입었다. 화려한 제2의 인생을 향한 여행이 시작된 것이다.

『막두』 정희선 글 · 그림 | 이야기꽃 | 2019

인생을 거칠게 살 수밖에 없었던 주인공 '막두'의 삶을 비춘다. 열 살 막두는 피란 길에 가족과 헤어졌다. 영도다리로 와야 한다는 엄마의 말을 기억하고 부산으로 갔지만, 가족을 만날 수 없었다. 막두는 영도다리가 보이는 수산시장에서 생선을 팔며 어려운 시절을 보낸다. 할머니가 된 막두는 씩씩하게 어려움을 이겨내고 영도다리 앞에 선다. 오랜 세월, 부모님과의 이별을 상징하던 영도다리는 두려움과 상처의 공간이었다. 그러나 지금, 재개통을 앞둔 영도다리를 보며 부모님께 자신이 얼마나 잘 살아왔는지 말한다. 마지막 장면에서 막두가 입고 있는 꽃무늬 노란 바지는 그의 삶을 칭찬하는 훈장 같아 보인다.

『할머니, 어디 가요?』 조혜란 글 · 그림 | 보리 | 2010

조혜란 작가는 자연에서 살며 작품 활동을 하고 있다. '할머니, 어디 가요?' 시리즈는 어린이 잡지 『개똥이네 놀이터』에 연재한 작품이다. 이후 사계절을 담은 내용으로 새롭게 구성해 『할머니, 어디 가요? 쑥 뜯으러 간다!』, 『할머니, 어디 가요? 앵두 따러 간다!』, 『할머니, 어디 가요? 밤 주우러 간다!』, 『할머니, 어디 가요? 굴 캐러 간다!』로 완성한다. 작가의 시리즈를 보면 계절의 변화, 먹거리, 환경과 생태의 다양한 정보들을 알 수 있고, 이웃 간의 따뜻한 정을 느낄 수 있다. 옥이 할머니는 자연이 주는 대로 욕심 없이 살며, 경쟁 사회를 살아가는 우리에게 이웃과 더불어 사는 삶의 가치를 보여준다. 자칫 우리가 자연이 주는 소중함을 잊고 욕심을 부릴 때는 따끔한 충고도 잊지 않는다.

『세상에서 제일 힘센 수탉』

이호백 글 · 이억배 그림 | 재미마주 | 1997

『오늘은 아빠의 안부를 물어야겠습니다』

윤여준 글 · 그림 | 다그림책(키다리) | 2024

『아빠의 밭』

전소영 글 · 그림 | 달그림 | 2021

정년 이후의 삶

노년을 맞이한 수탉은 점점 늙어가는 자신을 바라보며 자신감을 잃어간다. 한때는 마을에서 술을 가장 잘 마시는 수탉이었지만, 세월이 흐르며 울음소리는 작아지고, 예전처럼 술도 많이 마시지 못하게 되었다.

『세상에서 제일 힘센 수탉』에 나오는 이 수탉은 태어날 때부터 튼튼하고 씩씩한 수평아리였다. 달리기도 잘하고, 높이뛰기에도 능했으며, 누구보다 힘이 셌다. 새벽마다 울려 퍼지던 힘찬 울음소리는 다른 어떤 수탉도 흉내 낼 수 없는 위엄을 지녔다. 그러던 어느 날, 자신보다 더 힘센 수탉이 나타나면서 자신이 가장 빛나던 젊은 시절을 떠올리게 된다. 그때 곁에 있던 암탉은 주눅 든 수탉에게 따뜻한 위로와 용기를 건넨다.

수탉은 젊은 시절을 회상하며 아들, 딸, 손자, 손녀들을 바라본다. 그들이 자신처럼 젊은 시절을 살고 있고, 본인은 자연의 순리대로 나이 들어가고 있음을 깨닫게 된다. 자신을 사랑하는 것은 현재의 모습을 있는 그대로 받아들이는 것이다. 수탉은 긍정적으로 인생을 받아들이는 태도가 중요하다는 것을 알게 된다. 멋진 꼬리 깃털을 활짝 편 수탉이 힘차게 외치는 소리가 들리는 것 같다. '꼬끼오!' 타인을 향해 외치던 소리가 아닌 자신을 깨우는 외침이 된 것이다.

『오늘은 아빠의 안부를 물어야겠습니다』는 어느 날 갑자기 가장에게 찾아온 삶의 변화를 딸의 시선으로 담담하게 그리고 있다. 일 년 전 퇴직을 한 아빠가 성인이 된 자녀의 아침을 챙긴다. 아내와 자녀들이 출근하고 혼자 남게 된 아빠의 모습이 쓸쓸해 보인다.

아빠는 그동안 바쁜 직장생활로 미뤄왔던 것을 누린다. 딸의 졸업식에 참석하고, 취미생활을 즐기고, 친구도 만난다. 하지만 그는 점점 무료함에 말수가 적어지고, 재취업에 실패하며 자신감을 잃어간다. 우연인지 아빠의 퇴직 날과 재취업에 실패하던 날마다 비가 내린다. 딸은 비를 맞는 아빠에게 우산을 내밀지만, 아빠는 함께 쓰기는 작다며 거절한다. 처음에 작게 그려져 있던 우산이 이제는 함께 쓸 수 있을 정도로 커졌다. 마침내 아빠는 딸과 함께 우산을 쓴다. 아빠에게 건넨 우산의 색깔이 딸의 옷과 같은 파란색이다. 편안함과 신뢰감을 주는 색의 의미처럼 딸과 아빠는 서로의 마음을 위로한다.

오늘도 딸은 아빠가 차려준 아침밥을 먹고 출근한다. 베란다의 시들해진 화분이 아빠가 주는 물을 먹고 생기를 찾고 있다. 다시 도전하는 아빠에게 용기와 확신을 주는 신호이다. 아빠가 무거운 마음에서 벗어나 자신이 원하는 길로 걸어갈 수 있기를 바라며 응원을 보낸다.

'세상에 처음부터 내 것은 없었다'라는 사실을 받아들이는 일은 쉽지 않다. 『아빠의 밭』에서 제2의 인생으로 첫발을 내딛는 아빠는 퇴직 후에 할아버지와 할머니가 평생 일궈온 곳으로 향한다. 그곳에서 농사일을 시작해 보려고 마음먹는다. 고향으로 돌아온 아빠는 자연의 섭리대로 작은 씨앗이 열매가 되는 신비로움을 경험하고 겸허한 마음을 느낀다. 바람의 온도, 흙의 배합이 도와줘야 수확의 기쁨을 맛볼 수 있음을 깨달은 것이다. 아빠는 밭에서 깨달은 삶의 진리를 통해 이웃끼리 나누어먹고, 욕심부리지 않는 법을 배운다. 그동안 치열하게 살면서 잊고 있었던 인생의 참된 의미를 발견한다. 따뜻한 흙은 아빠의 거칠어진 마음을 잔잔하게 만져주고, 자연에서 보내는 시간은 인생의 참맛을 알게 해준다.

인생의 전반부를 가족을 위해 보낸 아빠는 이제 자신의 후반부를 꾸려가려 한다. 대부분의 아빠는 스스로가 아닌 가족을 위해 돈을 벌고 생계를 꾸리며 살았다. 퇴직 이후, 자신을 위해 오롯이 시간을 보내기가 두렵다. 젊었을 때와 다르게 힘이 빠져 스스로 초라하다고 느낀 수탉, 직장생활을 마감하고 활기차게 시작했지만 생각보다 주눅 들었던 아빠, 밭을 가꾸며 시행착오를 겪는 아빠는 인생의 2막에서 인생을 새롭게 배운다.

고대 스토아 철학파의 대가로 불리는 세네카는 '스스로의 삶에 대한 만족으로 마음의 평정을 찾아야 한다'고 말했다. 자신의 삶을 그대로 받아들이고 주어진 시간을 스스로를 위해 아낌없이 쓰라고 조언한다. 노년의 삶도 마찬가지다. 하루하루 즐겁게 살아가기 위한 과정의 지혜가 필요하다. 인생은 짧다. 지나온 나의 시간을 충분히 인정하되 미련을 두지 말고 현재의 시간을 가꾸며 충실하게 살아가야 한다. 노년의 삶은 오늘의 즐거움을 만끽하고 과정을 만들어 가는 인생의 또 다른 시작점이다. 다시 파이팅을 외칠 때이다.

함께 읽으면 좋은 그림책

『쑥갓 꽃을 그렸어』 유현미, 유춘하 글 · 그림 | 낮은산 | 2016

유현미 작가는 아흔 살 무료한 아버지의 삶이 활기차기를 바라는 마음에서 그림 그리기를 권했다. 작가의 아버지는 그림을 그리면서 일상의 활력을 찾게 되었다. 작가는 아버지가 그림을 그리는 동안 묵혀두었던 대화를 하게 되고 아버지의 말을 기록하기 시작했다. 걷는 것조차 힘들었던 아버지는 그림책에 그린 쑥갓 꽃처럼 인생의 마지막 꽃을 피운다. 비록 늦게 시작한 그림이었지만, 아버지는 그림 그리기를 통해 인생의 의미를 다시 발견하게 되었다. 실제로 쑥갓은 자라는 동안 맛있는 잎을 우리에게 선물하고, 때가 되면 아름다운 꽃을 피운 뒤 씨앗을 남긴다. 그것은 마치 아버지의 삶과도 닮았다. 자신의 인생을 마무리하며, 누군가에게 남길 그림 한 점, '그림 씨앗'을 조용히 남기고 간 것처럼 말이다.

『라마 씨, 퇴사하고 뭐 하게?』 계남 글 · 그림 | 요요 | 2023

라마는 무지개산으로 관광 온 사람들과 함께 사진을 찍는다. 누군가에게 새로운 세상의 문과 같은 곳이었지만 그에게는 늘 떠나고 싶은 직장이었다. 라마는 실제 남미 안데스산맥 고지대에서 가축화된 동물이라고 한다. 라마는 여행지에서 만난 바쿠냐의 존재가 부럽다. 절대 누군가에게 길들여지지 않기 때문이다. 그는 퇴사한 날, 두려움을 안고 여행을 떠난다. 남들과 다르고 싶어서가 아니라 세상이 궁금했고, 좀 더 행복하고 싶다는 마음이었다. 그는 여행을 통해 자신이 안데스산맥의 사진 모델 라마가 아닌, 지구에 사는 작고 소중한 생명이라는 사실을 깨닫는다. 꿈이 꼭 직업을 갖기 위해 꾸는 게 아니라는 것도 알게 된다. 마지막 장면에서 라마는 전시회를 통해 여행지에서 본 아름다움을 다른 이들과 나눈다.

『인생은 지금』 다비드 칼리 글 · 세실리아 페리 그림 | 오후의소묘 | 2021

은퇴한 남자는 그동안 하지 못했던 일을 하고 싶다. 남자는 여자와 함께하기를 원한다. 하지만 여행 가기, 외국어 배우기, 악기 연주하기, 밤낚시 하기는 여자가 말하는 여러 가지 이유로 할 수 없다. 여자의 정중한 거절에도 불구하고 남자는 포기하지 않는다. 그의 끊임없는 제안은 낭만적이며 귀엽게 보인다. 남자와 달리 여자는 지금 당장 해야 하는 일이 많다. 매일 반복되는 청소와 설거지로 오늘의 여유조차 즐길 수 없다. 내일 하자고 하는 여자에게 남자는 '인생은 지금' 이라고 말한다. 남자와 여자는 자연이 주는 바람을 만끽하며 페달을 밟는다. 오늘의 시간이 내일까지 기다려주지 않음을 알게 된 것이다.

할머니가 남긴 선물

마거릿 와일드 글 · 론 브룩스 그림 | 시공주니어 | 1997

『나의 친구 아그네스 할머니』

줄리 플렛 글 · 그림 | 북뱅크 | 2021

『할머니를 위한 자장가』

이보나 흐미엘레프스카 글 · 그림 | 비룡소 | 2019

이별이 남기는 마지막 선물

시인 천상병은 「귀천」이라는 시에서 하늘로 돌아가는 것을 아름다운 이 세상 소풍을 끝내는 날이라고 말했다. 우리는 노년의 죽음을 삶의 마감이라고 여기며, 쓸쓸하고 고독한 것으로 인식하기도 한다. 하지만 차분히 주변을 정리하며 자신의 삶을 마무리하는 『할머니가 남긴 선물』 속 돼지 할머니를 통해, 죽음에 대한 두려움을 덜어내는 기회를 얻는다. 오히려 생을 마감하는 아름다운 순간을 소중히 여겨야 함을 깨닫게 된다.

돼지 할머니는 자신의 삶을 차분히 마무리하고, 손녀와 아름다운 작별을 준비한다. 동네를 거닐며 매일 보고, 듣고, 느껴온 일상의 순간들을 만끽한다. 손녀를 위해 자신이 갚아야 하는 것, 해결해야 하는 것, 찾아와야 하는 것들을 정리하기도 한다. 돼지 할머니는 손녀에게 나뭇잎이 햇살에 반짝이는 것, 구름이 수다쟁이들처럼 하늘에 모여 있는 것, 연못에 정자가 비치는 것, 새들의 소리, 따스한 흙냄새, 비의 맛을 느껴보라고 말한다. 돼지 할머니와 손녀는 사소한 집안일부터 모든 것을 함께 한다. 할머니의 마지막 날에 둘은 침대에서 꼭 껴안는다.

할머니가 죽음을 준비하며 남긴 아름다운 기억은 소녀에게 고스란히 추억이 된다. 돼지 할머니가 죽음을 수동적인 자세로 기다리지 않고 적극적으로 받아들이는 모습이 인상적이다. 작가는 죽음의 순간을 차갑거나 외롭게 그리지 않고 따뜻하고 포근하게 그림으로써 죽음에 대한 막연한 두려움을 해소해 준다.

봄에서 겨울, 다시 봄으로 이어지는 계절의 변화 속에서 소녀와 할머니의 우정이 피어난다. 『나의 친구 아그네스 할머니』에는 어린 소녀와 할머니의 세대를 뛰어넘는 우정뿐만 아니라 삶과 죽음, 예술의 의미가 담겨 있다. 한 소녀가 바닷가의 정든 집을 떠나 낯선 곳으로 이사를 온다. 모든 것이 마음에 들지 않아 불편하고 외롭게 지내던 어느 날, 이웃집 할머니를 만나 긍정적인 변화가 생기기 시작한다. 소녀는 할머니 덕분에 자연이 주는 신비함과 예술의 가치를 알게 되었다.

겉싸개를 벗기면 표지에 달이 차고 기우는 그림이 보인다. 할머니가 소녀에게 보여준 둥근 항아리, 크리족의 계절 이야기, 눈 풀꽃 알뿌리가 모두 달과 닮아 있다. 자연, 예술, 추억의 아름다움이 달처럼 차고 기운다. 겨울이 되고, 할머니의 몸은 점점 쇠약해진다. 소녀는 집 안에만 있게 된 할머니에게 계절의 변화를 보여줄 방법을 고민한다. 온 마음을 담아 자신에게 희망을 주었던 할머니를 위해 그동안 자신이 그린 그림을 할머니 방 벽에 붙인다.

"꼭 마음에 흘러들어온 시 같구나."

할머니는 소녀의 그림을 통해 봄의 온기를 느낀다. 나이를 뛰어넘은 우정은 이야기의 빛깔이 되어 서로를 따뜻함으로 물들인다. 소녀에게 다시 찾아온 봄, 어둡고 쓸쓸했던 지난봄과 달리 새로 이사 온 집과 나무가 따뜻한 친구처럼 다가온다. 하지만 할머니의 집을 나설 때 아렸던 마음 한구석은 그대로 남아 있다. 4월의 보름달은 꽉 차 있다. 소녀는 할머니가 들려준 크리족의 계절 이야기를 떠올린다. 그리고 달처럼 생긴 알뿌리에서 눈 풀꽃이 고개를 내민 것을 본다. 이 모습은 이사 온 소녀가 할머니 덕분에 외로움을 이겨냈듯이 이별 또한 극복할 수 있음을 보여주고 있다.

'우츠'는 직물 공장이 많았던 도시이다. 그곳은 독일인, 유대인, 폴란드인이 함께 모여 사는 삶의 터전이었다. 『할머니를 위한 자장가』는 수많은 씨실과 날실을 엮어 만든 직물처럼, 콜라주 기법으로 할머니의 삶을 엮었다. 앨범처럼 커다랗고 묵직한 판형은 할머니의 인생 여정을 함께 걷는 듯한 느낌을 준다. 방직공으로 일했던 할머니와 할아버지의 삶은 녹록지 않았다. 뜨거운 직조기의 먼지와 소음, 염색약과 표백제의 지독한 냄새를 견뎌야 했다. 사랑하는 자식들을 키우기 위해 끊임없이 돌아가는 실패에 눈을 떼지 못했고, 반장의 눈치를 보며 어려운 일을 해내야 했다.

예로부터 힘든 삶 속에서 여성들이 천에 수를 놓는 행위를 창조하는 예술로 보았다. 또한, 그들이 천에 수를 놓는 일은 힘든 삶을 치유하는 것이기도 했다. 작가는 할머니가 수놓은 다양한 천을 보면서 영감을 얻었다고 한다. 할머니 때부터 사용한 오래된 천과 작가가 모은 천을 함께 사용해, 과거와 현재가 공존하고 이어짐을 표현했다. 과거 할머니의 노고로 현재의 내가 존재하고 있음을 감사하게 여기며, 아기였던 할머니를 위해 추모의 자장가를 부르는 것이다. 할머니를 위해 손녀가 부르는 자장가는 우리에게 가슴 속 깊은 울림으로 남는다.

세 그림책은 우리에게 이별을 준비하고 죽음을 받아들이는 태도에 대해 생각하게 한다. 죽음은 두렵거나 무서운 이별이 아니라 과거와 현재를 이어주는 것이며, 죽음 이후에도 아름다운 추억으로 남아 우리 기억 속에 살아감을 이야기하고 있다. 죽음은 어두운 곳으로 가는 것도, 삶의 마침표도 아니다. 인간 삶의 여정 속에 찾아온 쉼표이다. 사랑하는 사람이 죽고 남겨 놓은 것들에 대한 감사한 마음과 추억을 되새기며 잠시 멈추는 시간이 아닐까? 충분히 쉬고 난 후, 그들이 남긴 것들을 이어받아 계속 삶을 살아가면 되는 것이다.

함께 읽으면 좋은 그림책

『이게 정말 천국일까?』 요시타케 신스케 글 · 그림 | 주니어김영사 | 2016

앞 면지에 할아버지가 공책에 무언가를 열심히 쓰고 있는 모습이 있고, 뒤 면지에는 손자가 매일 일상을 보내는 모습이 있다. 돌아가신 할아버지가 '천국에서 뭐 할까?'라고 남겨 놓은 공책을 보고 손자는 자기도 천국에서 해야 할 일을 쓰기 시작한다. 손자는 할아버지의 공책을 읽으며 할아버지가 천국에 가고 싶은 마음이 꼭 즐거웠던 것이 아닐지도 모른다고 생각한다. 오히려 할아버지는 죽음이 슬프고 무서워서 천국에서 지낼 일들을 쓰며 이겨냈다고 말이다. 손자는 '천국에서 뭐 할까?' 보다 '오늘은 뭐 할까?'를 생각한다. 오늘을 살아가는 우리에게 지금이 얼마나 소중한지를 깨닫게 한다.

『마음이 아플까봐』 올리버 제퍼스 글 · 그림 | 아름다운사람들 | 2010

호기심이 많았던 한 소녀는, 할아버지가 돌아가신 뒤 마음을 유리병 속에 가두었다. 할아버지를 잃은 슬픔이 두려워, 감정을 느끼지 않기 위해 마음을 떼어 빈 병 안에 넣어둔 것이다. 그러면 슬픔도, 불안도 느끼지 않아도 될 거라고 믿었다. 하지만 마음을 가둔 채 살아가는 일은 생각보다 쉽지 않았다. 감정을 꾹 눌러 담은 소녀는 점차 세상에 대한 열정과 호기심을 잃어갔다. 마음 주는 일을 멈추고, 단단한 벽을 쌓으며 어른이 되었다. 그러던 어느 날, 세상을 향해 끝없이 질문을 던지는 아이를 만난다. 그 아이는 오래전의 자신을 꼭 닮아 있었다. 낯설면서도 익숙한 그 존재는, 소녀였던 나에게 오래전 병에 넣어둔 마음을 다시 꺼낼 기회를 건넨다. 어릴 적 관계의 상실로 굳어 있던 마음은, 아이와 맺은 새로운 관계 안에서 조금씩 녹아내린다. 방어기제는 서서히 무너지고, 이제 나는 할아버지가 앉아 계시던 그 빈 의자에 조용히 앉는다. 그제야, 마음속에서 진심으로 할아버지를 떠나 보낸다.

『오소리의 이별 선물』 수잔 발리 글 · 그림 | 보물창고 | 2009

오소리는 자신의 죽음이 두렵지 않았다. 죽음은 남겨진 사람들의 몫임을 알았기 때문이다. 그는 자신이 죽으면 남겨진 친구들이 긴 슬픔의 터널을 지나는 것이 걱정되었다. 오소리는 언제나 친구들의 곁에서 누구든지 자신을 필요로 하는 일이 있으면 도와주는 존재였다. 그래서 두더지, 개구리, 여우, 토끼 부인은 그의 죽음을 받아들이기가 힘들었다. 그 순간 오소리와 함께한 추억을 떠올렸다. 오소리와 함께했던 순간의 기쁨을 친구들끼리 나누며 그가 남긴 이별 선물에 대한 이야기를 한다. 죽음은 그 사람을 잊는 마침표가 아닌 함께 한 추억을 기억하는 시작임을 알게 되었다.

°6

여성,

페미니즘 말하기

기원전 6세기 초부터 4세기 중반까지 아테네에서 여성들은 공동체의 여러 문제에 대한 투표권이 없었다. 1970년 스위스에서도 마찬가지였다. 1950~60년대 서독과 프랑스에서는 여자가 돈을 벌거나 통장을 만들려면 배우자의 동의를 얻어야 했다. 또한, 사우디아라비아에서는 1932년부터 무려 86년간 여성들이 운전할 수 없었다. 왜냐하면, 여성에게는 운전면허증을 발급해 주지 않았기 때문이다. 최근 2023년에도 아프가니스탄의 여성들이 대학에 갈 수 없다는 기사를 본 적이 있다. 이처럼 옛날부터 현재에 이르기까지 세계 여러 나라에는 여전히 여성에 대한 차별이 존재한다.

『82년생 김지영』은 대한민국에서 여자로 살아간다는 것이 어떤 의미인지 조명한 소설로, 발표 이후 베스트셀러가 되었다. 이 작품은 여성들이 어릴 적부터 결혼 후까지 겪는 차별과 억압의 현실을 사실적으로 그렸다. 주인공 김지영은 1980년대에 가장 흔했던 여성이름을 사용해, 수많은 한국 여성의 삶을 대변하는 인물로 설정되었다. 소설은 이후 영화로도 제작되어 큰 반향을 불러일으켰고, 특히 여성 관객에게 깊은 공감을 주었다. 작품은 전통적으로 강요되어 온 성 역할과 구조적인 성차별 문제를 섬세하게 포착하며 사회적 논의를 이끌어냈다.

과거에는 여성이라는 이유로 이름을 빼앗기거나, 존재가 지워지는 경우가 있었다. 여성이 쓴 작품이 남성의 이름으로 발표되는 일도 많았고, 업적을 세워도 역사에 기록되지 못했다. 오늘날에도 미디어에 등장하는 전문가, 정치인, 기업인, 법조인의 대다수가 남성이라는 사실은 여전하다. 하지만 대중들은 이런 불균형을 특별히 이상하게 여기지 않는다. 전문직에 여성 종사자들이 많음에도, 여전히 남성이 전문직을 대표한다고 느낀다. 이는 성인지 감수성의 부족에서 비롯된 문제로 지적된다. 같은 시간 일해도 여성과 남성의 임금 격차가 여전히 존재한다. 최근 고위 공무원 가운데 여성이 차지하는 비율이 30퍼센트를 넘었다는 기사를 접한 적이 있다. 아직도 여성이 고위직에 오르는 일이 놀라운 사실로 받아들여진다는 것은 우리 사회에 견고하게 자리 잡은 유리천장의 실체를 보여준다.

소설 『파친코』 초고에서 선자는 주인공이 아니었다. 작가는 4년간 일본에서 만난 자이니치 여성의 삶을 보고 선자의 인생을 소설의 주된 이야기에 담았다고 한다. 그들이 가족의 삶을 책임지고 억척스럽게 살아낸 이면에, 자신이 삶의 주체가 되어 스스로 치유하고 보살피며 살아온 것을 유의미하게 본 것이다.

소설이나 영화의 영향으로 우리는 불합리한 제도 속에서 차별을 받고 살아온 여성들을 마주한다. 이를 통해 자신뿐 아니라, 할머니와 엄마가 삶의 역경 속에서도 자신을 잃지 않고 살아온 시간을 비추어 볼 수 있다.

『넌 누구니?』에서 노혜진과 노혜영 자매 작가는 자신의 할머니와 외할머니가 살아온 역동적인 삶을 그렸다. 두 분의 할머니는 각자 다른 인생을 살았지만, 강인한 생명력으로 어려운 시절을 이겨냈다. 그들은 해방과 전쟁이라는 격동기를 보내면서도 가족을 지키고 삶을 포기하지 않았다. 작가들은 할머니들의 인생에 깃든 강인함과 인내를 조명하며, 경기도 정자의 도민증과 경상북도의 월순이의 도민증을 등장시켜 그들의 삶을 한 시대의 기록물로 남겼다. 이는 단순한 사물의 재현을 넘어 역사 속 보통 여성들의 존재를 드러내는 상징적인 장치이다. 특히 그림책에 등장하는 '화관 궤계'는 결혼식에서 신부가 드는 부케처럼, 두 할머니에게 드리는 존경과 사랑의 표현이다. 시대의 어려움을 견디고 가족을 위해 헌신했던 여성들에게 보내는 찬사이자, 여성의 삶을 온전히 기록하려는 시도이다. 여성 작가들이 여성의 삶을 기록하며 그들이 역사를 만들어 낸 주인공임을 보여주고 있다. 가정 안의 이야기이자 동시에 모두의 역사인 이 이야기를 통해 우리가 잊고 있었던 삶을 새롭게 조명한다.

이 장에서는 '엄마'가 아닌 '나'로서의 자아를 찾는 여성들과 프레임을 벗어나 자유롭게 세상으로 나가는 여성들을 살펴본다. 또한, 전통적인 성 역할에 끊임없이 도전하고 자신의 삶을 기록하며 삶에서 예술을 찾는 모습을 담아보았다. 우리는 자기다움을 찾아 도전을 멈추지 않는 여성들을 응원하며, 주저하는 이들에게는 격려를 멈추지 않을 것이다.

『돼지책』

앤서니 브라운 글 · 그림 | 웅진주니어 | 2001

『엄마의 초상화』

유지연 글 · 그림 | 이야기꽃 | 2014

『L 부인과의 인터뷰』

홍지혜 글 · 그림 | 엣눈북스 | 2018

'엄마'가 아닌 '나'로서의 자아

가족은 인류 역사에서 가장 오래된 기본적인 사회집단으로, 함께 생활하는 공동체의 모습을 지닌다. 현대에는 가족의 형태가 다양하게 변화되고 있다. 그러나 가족 구성원들이 의식주를 공동으로 해결하고 정서적 친밀감과 유대감을 나눈다는 점은 변하지 않았다. 가족공동체는 한 사람의 희생이 아니라 서로가 도움을 주고받을 때 모두에게 긍정적인 영향을 줄 수 있다.

하지만 가사 노동의 책임을 엄마에게만 강요하면 문제가 발생하기 마련이다. 2001년 국내 출간된 『돼지책』은 어린이책에서는 드물게, 페미니즘의 시각에서 가사 노동 문제를 다루고 있다. 성별에 따라 역할을 나누는 현실 속에서 엄마에게 주어진 희생과 책임의 무게를 통해 가사 노동의 형평성을 꼬집는다. 작가는 무거운 주제를 유머와 위트로 풀어내며, 그림 속에 숨은 의미를 발견하는 재미를 더했다.

어느 날, 엄마는 집에서 아무것도 하지 않는 남편과 아이들의 모습을 돼지라 여긴다. 그들은 설거지와 청소뿐 아니라 밥을 먹을 때조차 엄마에게 해달라고 입만 벌리고 있다. 엄마는 더는 참을 수 없어 집을 떠난다. 엄마의 빈자리는 컸고, 비로소 아빠와 아이들은 미루기만 했던 집안일을 스스로 하기 시작한다. 작가는 가중된 가사 노동으로 지친 엄마의 모습을 풍자와 역설로 풀어내며, 여전히 '집안일은 엄마의 몫'이라 여기는 우리 사회의 현실을 마주하게 한다. 마지막 장면에서 엄마는 자동차를 고치며 미소를 짓고 있다. 정비하는 차의 번호판을 거꾸로 읽으면 'PIG 123'이라는 글자가 된다. 고정된 성 역할에 대한 비판과 이를 바로잡고자 하는 작가의 의지를 보여준다.

집으로 돌아온 엄마는 더는 혼자 가사 노동을 떠맡지 않고 가족과 함께 할 것이다. 엄마가 자동차를 고치고 집안일을 하는 것처럼, 아빠와 자녀 또한 가족의 일을 남녀에 따라 나누지 않을 것이다. 엄마가 집을 떠난 것은 엄마로서의 역할을 포기한 것이 아니라, 가족 모두의 행복을 위해 자신을 되찾는 행동이었다.

『엄마의 초상화』에서 미영 씨는 '엄마'라는 가면을 쓰고 있다. 그는 자신의 정체성을 찾기 위해, 엄마라는 자리를 잠시 내려놓고 여행을 떠나고자 한다. 낯선 곳으로 떠나기 위해서는 가정이라는 울타리의 소속감과 안정감에서 벗어나야 한다. 미영 씨는 용기를 내어 세상으로 떠난다. 앞표지 속 미영 씨는 모자를 만지며 미소를 짓고 있다. 자신의 색을 찾기 위해 빨간 립스틱을 바르고 비상을 준비한다. 보석처럼 반짝이는 자신을 찾기 위해서는 '엄마'라는 프레임을 벗어나야 한다. 그의 뒷모습에는 나비가 그려져 있다. 엄마의 자리를 털고 훨훨 날아보라는 의미로 해석된다.

미영 씨는 여행지에서 만난 빨간 머리 앤과 차를 마시며 꿈을 이야기하고, 길거리 화가에게 그동안 꿈꾸었던 자신의 초상화를 받는다. 초상화에 그려진 엄마는 낯선 여행에서 찾은 나의 '자아'이자 '미영 씨' 자신을 상징한다. 엄마의 집 자개장 위에는 두 개의 초상화가 있다. 하나는 딸이 그린 엄마의 초상화이고, 다른 하나는 여행지에서 그린 미영 씨의 초상화이다. 두 개의 초상화에 그려진 모습은 모두 '나'이다. 자신을 찾아 떠난 여행에서 진정한 '나'를 되찾은 것이다.

『L 부인과의 인터뷰』 속 L 부인은 매일 전쟁 같은 집안일에 시달리며 자신을 잃어간다. 토끼 같은 딸과 착한 신랑과 살고 있지만, 결혼 생활과 육아는 점점 그를 지치게 한다. 결혼 전에는 잘나가던 사냥꾼이었던 L 부인은, 아이를 낳은 후 학생을 가르치는 일을 했다. 하지만 아이를 낳고 돌봐줄 사람이 없어 일을 그만두고 전업주부가 되었다. 그는 하루도 빠짐없이 집안일을 했지만, 눈에 보이는 성과가 없었고 누구에게도 인정받지 못했다. 그렇게 점점 자존감을 잃어가고 자신의 모습을 잃게 되었다.

"다시 숲으로 돌아가고 싶은 생각은 없으세요?"

인터뷰어의 질문에 L 부인은 착한 부인이자 엄마로서 솔직한 욕망을 말하는 것이 두렵다. 그러나 그는 거울 속 표정을 잃어버린 자신에게 화살을 겨눈다. 마침내 화살이 깨진 거울을 통과한 순간, 한쪽 발이 늑대로 변하고 그는 다시 숲을 찾는다.

작가 역시 글을 쓰는 과정을 통해 본연의 자아에 대해 질문했다. 그리고 자신을 찾아온 늑대 부인과 밤마다 숲을 헤매는 자신을 기다려 준 가족 모두에게 감사함을 전했다. 꿈에서만 숲을 뛰어다니던 그는 이제 자유롭게 숲을 다니며 사냥을 즐길 수 있게 되었다. 스스로를 가둔 올가미에서 벗어난 것이다. 다시 숲을 찾은 그의 자유를 응원한다.

이처럼 그림책 속 엄마들은 '엄마'가 아닌 '나'로서의 자아를 찾고자 집을 떠났다. '엄마'라는 틀에 자신을 가두지 않고 본연의 '나'를 찾기 위해 용감하게 세상 밖으로 나간다. 이전과 다른 낯선 자신이 되었지만, 스스로를 믿었다. 그리고 가족을 사랑하는 엄마로서의 모습도 버리지 않는다. 그들이 선택한 여행은 진짜 '나'를 찾기 위한 용기와 도전이며, 스스로 온전한 자신을 찾기 위한 원동력이 되었다.

함께 읽으면 좋은 그림책

『엄마가 만들었어』 하세가와 요시후미 글 · 그림 | 천개의바람 | 2013

하세가와 요시후미가 그린 엄마는 아빠의 빈자리에 주저앉아 한탄하지 않고, 자신만의 방식으로 그 자리를 채워가며 살아간다. 학교 참관수업을 앞두고 아빠를 만들어 달라는 아들을 보고 엄마는 슬퍼하거나 낙담하지 않는다. 대신 아들의 소원대로 다른 아빠들처럼 양복을 만들어 입고 학교에 간다. 엄마는 재봉틀로 옷을 지으며 살아가지만, 정작 아들이 원하는 옷은 만들어주지 못한다. 그러나 그 일로 미안해하지 않는다. 대신 아들의 가방에 '요시오'라는 이름을 정성스레 새기며, 앞으로 자신과 아들의 삶이 불행하지 않기를 바라는 마음으로 사랑을 전한다. 과거 '엄마'는 무엇이든 해내고, 인내하며, 희생하는 외유내강형 슈퍼우먼으로 그려졌다. 하지만 이 그림책 속 엄마는 완벽하지 않지만, 자신만의 방식으로 아이를 사랑하고 돌본다. 이를 통해 '엄마'라는 단어가 '완벽'을 의미하지 않음을 보여준다.

『우리 엄마』 앤서니 브라운 글 · 그림 | 웅진주니어 | 2005

앤서니 브라운이 그린 엄마는 '엄마'라는 이름을 기꺼이 선택한 사람이다. 엄마는 다른 존재가 될 수도 있었지만, 스스로 엄마가 되기를 택했고, 세상 누구보다도 아이를 사랑한다. 그림책 속 엄마는 사자, 나비, 고양이, 코뿔소 등 다양한 모습으로 변신하며, 동시에 다재다능하게 많은 일을 해낸다. 앞 면지와 뒤 면지에 등장하는 꽃무늬는 엄마가 입는 가운, 발레복, 슈퍼맨 망토, 우주복의 무늬로 이어진다. 안락한 의자도 엄마를 상징하는 꽃무늬 패턴으로 가득하다. 흥미롭게도 작가의 다른 그림책에서 종종 같은 무늬의 의자를 볼 수 있다. 편안하게 앉을 수 있는 의자처럼 엄마는 언제나 아이에게 기댈 수 있는 존재이다. 마지막 장면에서 엄마는 아이를 꼭 안아주며, 늘 그랬듯 사랑과 믿음을 전하고, 행복을 충전해 준다.

『엄마』 엘렌 델포르주 글 · 캉탱 그레방 그림 | 밝은미래 | 2019

그림책 속 엄마들은 '엄마'라는 공통된 이름을 가지고 있지만 사는 나라, 외모와 취향, 직업, 가치관은 모두 다르다. 엄마가 된 서른한 명의 여성은 자신만의 방식으로 아이를 돌본다. 그림 작가는 초상화의 매력에 흠뻑 빠졌던 경험을 바탕으로, 일기 형식의 글에 인물의 그림을 그렸다. 그림책의 여성들은 주체적으로 아이를 양육한다. 그들에게 육아 시간은 삶의 장애물이 아니다. 나의 세계관이 확장되고 아이와 함께 성장하는 시간이다. 엄마의 다양한 모성을 보여줄 뿐만 아니라 여성의 굴레를 벗고 삶을 주체적으로 살아가는 의미를 되새기게 한다. 동시에 그들이 세상을 향해 당당하게 목소리를 내는 모습을 담고 있다.

『레나의 옷은 당당하고 아름다워!』
마라 록클리프 글 · 후아나 마르티네즈-닐 그림 | 열린어린이 | 2023

『메리는 입고 싶은 옷을 입어요』
키스 네글리 글 · 그림 | 원더박스 | 2019

『슛!』
나헤 글 · 그림 | 창비 | 2021

프레임을 벗어나는 여성

영화 〈캐리비안 해적〉에서 '고통을 좋아하면 코르셋을 입으라'는 대사가 나온다. 영화뿐 아니라 문학작품에서도 코르셋을 입은 여성들이 탈장, 졸도, 히스테리 등 부작용을 겪는 모습이 묘사된다. 이처럼 코르셋은 아름다움을 위한 도구이기보다는 고통의 상징으로 그려진다.

코르셋은 16세기부터 착용하기 시작했으며, 여성들은 아름다워 보이기 위해 이를 입었다. 하지만 지나치게 조이는 방식은 여성들의 생명을 위협할 정도였다. 그럼에도 불구하고 여성들은 왜 코르셋을 입어야 했을까? 처음에는 주로 상류층 여성들이 지나치게 조이게 입는 경우가 많았고, 노동 계급 여성들은 그렇게까지 입지는 않았다고 한다. 1840년부터 허리가 잘록하게 보이는 것이 유행하면서 코르셋의 압박은 심해졌다. 고통을 감수하면서까지 입게 된 코르셋은 더 이상 옷이 아니라 여성의 몸을 해치는 무기가 되었다.

『레나의 옷은 당당하고 아름다워!』의 주인공은 1879년 리투아니아 리에타바스에서 태어난 레나 브라이언트이다. 그는 처음으로 여성의 몸에 맞춘 옷을 디자인한 인물이다. 어린 시절 어머니를 일찍 여의고 조부모 밑에서 자란 레나는, 러시아의 식민지 지배로 유대인 아동의 교육이 금지되자 꿈을 좇아 미국으로 이주했다. 이주 후, 어린 레나는 저임금 작업장에서 재봉틀 사용법을 익히며 레이스와 리본 장식의 매력에 빠졌다. 그는 일을 통해 번 돈으로 영어를 배우며 패션 잡지를 읽었다.

사랑하는 사람과 결혼했지만, 남편이 병으로 세상을 떠나자 다시 옷 만들기에 몰두했다. 특히 임산부 손님을 위해 디자인한 예쁘고 편안한 옷은 큰 인기를 얻었다. 당시에는 표준 사이즈의 옷을 입는 것이 미의 기준으로 여겨졌고, 불편한 옷을 감수하며 몸을 옷에 맞춰야 했다. 레나는 획일화된 여성 패션 속에서 '플러스 사이즈' 의 여성복을 제작하며 다양한 체형을 아름답게 드러낼 수 있는 길을 열었다. 이는 어린 시절 할아버지가 말씀하셨던 '자신의 일로 다른 사람을 도와줄 수 있는 좋은 기회'를 실현한 것이다.

『메리는 입고 싶은 옷을 입어요』는 바지를 입을 수 없었던 소녀들의 이야기를 담고 있다. 그 누구도 치마가 불편하다고 규칙을 바꾸려 하지 않았지만, 메리는 멜빵 바지를 입고 마을 사람들 앞에 섰다. 달라진 모습을 마을 사람들에게 용감하게 선보였지만, 그는 이상한 사람이 되었다. 메리는 바지의 좋은 점이 많다고 생각했다. 많은 마을 사람들이 메리의 옷차림을 반대했지만, 그는 굴하지 않고 당당하게 바지를 입고 학교에 갔다. 놀랍게도 학교에는 메리처럼 자유롭게 뛰노는 아이들이 가득했다.

이 그림책은 실제 인물인 메리 에드워즈 워커의 삶을 바탕으로 한다. 1832년 뉴욕에서 태어난 그는 성평등 문제에 큰 관심과 열정을 가진 여성이었다. 의대를 졸업하고 남북 전쟁 때 군의관으로 활약하기도 했다. 그는 포로로 잡혔을 때 드레스를 입으라는 강요를 받았지만, 신념을 꺾지 않았다. 메리는 어른이 되어서도 남자 옷을 입었다는 이유로 경찰서에 잡혀가기도 했다. 그러나 바지가 남성의 전유물이 아니라 자신에게 맞는 옷을 입었을 뿐이라고 당당히 외쳤다. 메리의 모습은 다른 여성들에게 스스로 옷을 선택해 입을 수 있는 자유를 열어주었다. 메리가 정해진 프레임 밖으로 나온 이후 누구도 여성에게 정해진 옷을 입으라고 강요할 수는 없었다.

여성에게 가해지는 금기와 편견을 벗어나 자유로운 탈출을 그리는 나혜 작가의 『슛!』에서 여성들은 프레임에 갇히지 않고 경계 밖으로 나간다. 담장 너머로 공을 날리며, 갇혀 있던 삶에 저항한다. 속표지에는 테이블 축구게임이 그려져 있다. 누군가가 봉에 매달린 인형들을 움직여 상대방의 골대에 공을 집어넣는 게임을 한다. 축구복을 입은 인형들은 여성의 모습을 하고 있다. 사회에서 제약이나 편견 속에 살아가는 여성들은 누군가의 조종으로 움직이는 인형과 닮았다. 그러나 테이블 축구게임 인형들이 하나둘씩 봉에서 내려오기 시작하고, 통제된 틀 안에서 축구 경기를 하던 여성들은 자유롭게 공을 찬다. 글 없는 그림책의 고요 속에서 어느새 해방의 탄성이 귓가에 들린다. 테이블 안에서 자유롭게 축구를 즐기던 그들은, 테이블 밖으로 날아가 버린 축구공을 따라 세상 밖으로 나오며 자신들의 존재를 드러낸다.

아직도 봉에 매달린 인형이 보인다. 남은 인형들은 모험 없는 안락한 삶을 선택할 것인가? 아니면 뒤 면지에 그려진 모습처럼 테이블 밖으로 나올 것인가? 무릎을 다친 동료를 도와 함께 탈출하는 장면도 보인다. 혼자만이 아닌 동료와 함께 자유를 찾아 세상을 향해 뛰어오른다. 모두가 서로의 손을 잡아 이끌며 아름다운 탈출을 하고 있다. 그들의 승부는 이제 시작이며, 함께라면 무엇이든 할 수 있다.

이처럼 그림책 속 여성들은 불합리한 규칙, 억압, 제도의 틀을 깨고 자유를 향해 나아간다. 고정된 역할에 순응하지 않고 직접 목소리를 내며 실천한다. 이들의 변화는 한 개인의 일탈을 넘어 동시대를 사는 여성들에게 선한 영향력을 주었다. 틀을 깨고 나아가는 그들의 반란이 아름답다.

함께 읽으면 좋은 그림책

『달리기』 나혜 글 · 그림 | 이야기꽃 | 2019

출발선에서 멈추지 않고 질주 본능으로 달까지 달리는 여성들의 모습에서 해방감이 느껴진다. 총소리를 듣고 출발한 여성들은, 어떤 장애물이 가로막아도 달리기를 멈추지 않는다. 허들을 넘고, 낭떠러지를 만나 잠시 멈칫하지만 곧 바다로 과감히 뛰어내린다. 바다를 건너고 벽을 만나도 두려워하지 않고 뛰어넘는다. 심지어 악어의 입으로 들어가도 겁내지 않는다. 마침내 1등이라는 목표를 달성하지만, 멈추지 않고 우주 끝까지 달려간다. 세상의 편견에도 멈추지 않고 달리는 여성들을 보며 독자들도 함께 달린다.

『노를 든 신부』 오소리 글 · 그림 | 이야기꽃 | 2019

외딴섬에 사는 소녀는 심심하고 무기력하다. 어느 날, 부모님이 주신 노 하나를 들고 섬을 떠나 세상 밖으로 나갈 결심을 한다. 노는 하나뿐이기에, 바다를 건너기 위해서는 노를 가진 짝이 필요하다. 하지만 그는 짝을 찾아 섬을 떠나는 대신 노를 들고 숲으로 걸어간다. 숲은 소녀가 자신을 찾아가는 미지의 세계이며, 무한한 경험이 기다리는 공간이다. 이제 그의 노는 숲속에서 먹을 것을 구할 수 있는 도구이자 위험으로부터 지켜주는 수호신이다. 노를 든 신부는 타인이 선택해 준 삶이 아닌 스스로 결정한 선택을 믿고 떠난다. 하얀 눈이 보고 싶어 떠나는 노를 든 신부의 모습은 자신만의 방향을 정해 나아가는 용기 있는 여정으로 다가온다.

『세상 끝까지 펼쳐지는 치마』 명수정 글 · 그림 | 글로연 | 2019

이야기는 치마가 세상 끝까지 펼쳐지냐고 묻는 조카의 질문에서 시작되었다. 인상적인 한 마디는 작가가 상상의 세계를 열고, 자신의 꿈을 향해 나아가는 한 소녀의 여정을 그리게 했다. 그림책 속 소녀는 자연 속에서 만난 친구들과의 대화를 통해 도전에 대한 용기를 얻는다. 마지막 장면에서 소녀가 입은 치마는 세계지도처럼 펼쳐진다. '치마'라는 옷은 소녀의 한계가 아닌 넓은 시야로 세계를 바라보는 희망임을 보여주고 있다. 작가는 치마의 의미를 여자의 전유물로 해석하지 않고, 세상의 모든 것을 담고 품을 수 있는 옷으로 표현하고자 했다. 이는 세상의 아이들이 자신의 꿈을 향해 나아가기를 바라는 것이다.

『니 꿈은 뭐이가?』

박은정 글 · 김진화 그림 | 웅진주니어 | 2010

『루비의 소원』

시린 임 브리지스 글 · 소피 블랙올 그림 | 비룡소 | 2004

『고만녜』

문영미 글 · 김진화 그림 | 보림 | 2012

전통적인 성 역할에 도전하는 여성

성 역할에 대한 고정관념은 성별에 따라 다른 역할을 수행해야 한다는 생각에서 비롯된다. 그동안 한국 사회에서는 남자는 집 밖의 일, 여자는 집 안의 일을 담당하는 것이 당연하다고 인식되었다. 그러나 성별에 따른 고정관념은 태어날 때부터 가지고 태어나는 것이 아니다. 어린 시절의 사회화 과정과 문화적 배경에 영향을 받는다.

최근 고정된 성 역할에 대한 인식을 바꾸는 어린이책이 속속 출간되고 있다. 초등 교과서에 수록된 『종이봉지 공주』, 『거인 부벨라와 지렁이 친구』, 『사라, 버스를 타다』, 『대화가 필요해』, 『우주 호텔』에서 여성 인물은 적극적이고 주체적인 모습으로 묘사된다. 또한 남성 인물은 강하고 독립적인 모습 이외에 섬세하고 공감력이 있는 탈 가부장적 모습으로 그려진다. 아이들이 처음 만나는 그림책 속 인물의 성을 어떻게 그릴 것인지 신중하게 접근할 필요가 있다.

『니 꿈은 뭐이가?』 속 주인공은 아들은 귀하고 딸은 천대받던 시절에 태어났다. 아버지는 그가 여자라는 이유로 '권기옥'

이라는 이름 대신 '얼른 가라, 죽으라'는 의미로 '갈례'라 불렀다. 집안은 아버지의 노름으로 망하고 어머니는 화병을 얻어 아프기 시작했다. 기옥은 어릴 때부터 집안일과 공장 일을 도맡으며 혼자 한글을 익혔다. 똑똑한 기옥을 알아보신 목사님 덕분에 학교를 다니게 되었다.

조선 사람들이 소달구지 타고 다니던 시절, 기옥은 스미스라는 사람이 미국에서 비행기를 타고 온 것을 보게 된다. 그는 하늘을 훨훨 날고 싶었다. 조선 사람이고 여자이기 때문에 못 할 건 없다고 생각했다. 일본에 나라를 빼앗기고 감옥에서 고문까지 당했지만, 그럴수록 나라를 찾기 위해 비행사가 되고 싶었다. 독립운동을 위해 폭탄을 싣고 일본으로 날아가야겠다고 다짐한다. 꿈을 이루기 위해서 고된 비행 훈련을 견뎌야 했지만, 위험한 도전은 멈추지 않았다.

자유롭게 하늘을 나는 권기옥은 우리나라 최초의 여자 비행사가 되었다. 또한 최초의 여자 출판인으로 『한국 연감』을 만들었다. 자신이 가고자 하는 길을 포기하지 않고 이룬 것이다. 할머니가 되어서도 가난한 젊은이들에게 장학금을 주었다. 그는 꿈을 향해 나아가는 젊은이들이 장벽 앞에서 포기하지 않도록 그들에게 날개가 되어주는 삶을 몸소 실천했다.

『루비의 소원』에서 주인공 루비는 황금산에 다녀와 부자가 된 사람의 많은 손자, 손녀 중의 한 명이었다. 아이들이 많이 있었던 터라 가정교사를 집으로 불러 공부를 가르쳤다. 그 덕분에 루비는 교육받지 못했던 여느 여자아이들과 다르게 배울 기회를 얻게 된다. 루비는 남자아이들보다 더 열심히 공부했다. 왜냐하면, 공부를 끝내고 나면 여자아이는 요리와 집안일을 배워야 하기 때문이다. 그러던 어느 날 루비는 시를 쓴다.

"아, 슬프다! 여자로 태어난 이 몸. 그보다 더한 불행은 남자만을 위하는 집에서 태어난 것이다."

이 시를 감명 깊게 읽은 선생님은 루비의 할아버지에게 시를 보여준다. 이 일을 계기로 루비는 할아버지에게 여자아이들이 부당하게 차별받는 점을 이야기하고, 대학에 가고 싶다는 꿈을 털어놓는다. 할아버지는 루비가 대학에 갈 수 있도록 허락하고, 마침내 그는 최초의 여자 대학생이 되는 꿈을 이룬다.

예로부터 동양 문화권에서는 남아선호사상 속에 여성 차별이 뿌리 깊게 존재해 왔다. 차별이라고 느끼지 못했던 남자아이와 여자아이를 대하는 전통적 관습은 루비의 말 한마디로 바뀔 수 있는 토대가 마련되었다. 용기 있게 자신의 권리를 말한 루비뿐만 아니라, 루비의 재능을 알아본 선생님, 루비의 소원을 실현해 준 할아버지의 모습에서 '괜찮은 어른의 역할'을 생각해 보게 된다. 무엇보다 자신을 소중하게 여기고, 소원을 이루기 위해 노력한 루비에게 아낌없는 박수를 보낸다.

『고만녜』는 백 년 전 실제 사진과 콜라주 기법으로 완성되었다. 자료 사진은 이 그림책의 모델이 된 김신묵과 남편 문재린의 회고록 『기린갑이와 고만녜의 꿈』에서 도움을 받았다. 사진에는 백 년 전 우리나라와 북간도의 모습이 고스란히 담겨 있다. 김신묵의 이야기를 정리한 문영미 글 작가는 고만녜의 손녀이기도 하다. 작가는 단순히 할머니의 삶을 정리하는 데 멈추지 않고, 북간도에서 자신의 꿈을 이루기 위해 열심히 살았던 '백 년 전 소녀'의 삶을 재현한다. 한 개인의 이야기가 아닌 북간도 독립운동과 민족 교육의 중심지에서 살아가던 우리네 할머니 세대의 모습을 담아낸 것이다.

고만녜는 친척 언니가 준 『춘향전』을 읽고 싶었지만, 여자라는 이유로 학교에 갈 수 없어 학교에 다니는 남동생에게 아버지 몰래 글을 배우게 된다. 그러던 중 여학교가 생기면서 학교에 갈 수 있다는 희망을 가지지만, 열일곱 살이던 그는 시집을 가게 된다. 다행히 시아버지의 도움으로 여학교에 다닐 수 있었고, 그는 '딸은 고만 낳으라는 의미'로 아버지가 지어준 '고만녜' 대신 '김신묵'이라는 이름을 얻는다.

비록 3년이라는 짧은 학교생활이었지만, 그는 손에서 책을 놓지 않았다. 김신묵은 글을 모르는 아주머니와 아이들에게 한글을 가르치며 책을 통해 사람과 세상을 향해 손을 내밀었다.

배움의 기회를 놓친 이들에게 책에 담긴 세상을 읽어주고 한글을 가르쳤다. 그는 자신이 그랬던 것처럼 모두가 세상을 볼 수 있도록 마중물이 되어 주었다. 책을 통해 깨달은 가치를 삶에서 실천하며 살아갔다.

세 그림책 속 권기옥, 루비, 김신묵은 자신의 꿈을 이루었다. 하지만 '여자'라는 이유는 꿈을 찾아가는 과정에서 언제나 가장 큰 걸림돌이었다. 그들은 불합리한 사회 구조에 타협하지 않고, 포기하지 않았다. 이들이 이룬 꿈은 단순히 한 개인이 이루어낸 결과물이 아니다. 어쩔 수 없이 포기해야 했던 그 시절 소녀들의 삶을 대신해 이루어진 기록이다.

함께 읽으면 좋은 그림책

『여자도 달릴 수 있어!』

아네트 베이 피멘텔 글 · 미카 아처 그림 | 청어람아이 | 2018

바비 깁은 보스턴 마라톤을 달린 최초의 여성이다. 그는 학교에 갈 때 치마를 입어야 했고, 육상팀에서 뛸 수도 없었다. 매년 봄에 열리는 보스턴 마라톤 대회에 출전하고 싶어 주최 측에 참가 신청서를 보내달라고 편지를 썼지만, 여자라는 이유로 거절당했다. 여자는 마라톤을 뛸 능력이 없다는 이유였다. 그러나 바비는 여자임을 숨기고 마라톤에 참여한다. 성적을 내도 상을 탈 수 없었지만 포기하지 않고 계속 도전했다. 그의 끈질긴 도전 덕분에 보스턴 마라톤 조직위원회는 여성의 마라톤 출전을 정식으로 허용하게 된다. 최초로 남성의 영역에 도전했던 여성, 세상을 향해 용기 있게 나아간 그에게 박수를 보낸다.

『똥자루 굴러간다』 김윤정 글 · 그림 | 국민서관 | 2010

그림책에는 아이들이 좋아하는 똥에 관한 유쾌한 전설이 담겨 있다. 적을 무찌를 장군을 찾던 이들은 똥자루가 굵은 똥을 보고 그 임자를 찾아 헤맨다. 똥자루가 굵으니 당연히 덩치가 크고 속도 튼튼한 장군감이라 예상한 것이다. 하지만 똥의 임자는 뜻밖에도 한 처녀였다. 고민하던 대장은 어쩔 수 없이 그를 부장군에 임명한다. 부장군이 된 그는 힘과 지혜, 전술을 써서 적을 물리치는 탁월함을 보여준다. 여자라고 무시했던 사람들에게 자신이 충분한 능력을 가지고 있음을 증명한 것이다.

『방귀쟁이 며느리』 신세정 글 · 그림 | 사계절 | 2008

전북 정읍 사투리가 살아 있는 이 그림책은 전통적인 여성이 지녀야 할 덕목을 강요하고 자유를 억압하는 가부장적 이데올로기를 비판한다. 그림책에 등장하는 종, 시든 모란꽃, 거꾸로 나는 두 마리의 원앙은 결혼 생활에서 겪는 어려움을 상징적으로 보여준다. 시부모 앞에서 엄청난 위력의 방귀를 뀌는 며느리 이야기는 예사 방귀담이 아닌 별남 방귀담이다. 방귀를 뀌게 되는 상황이나 방귀를 뀐 주체를 웃음거리로 삼지 않는다. 방귀가 엄청난 재물을 가져다 줄 정도의 힘을 가졌다는 이야기를 통해 여성 인물의 특별함을 부각한다. 마지막 장면에는 '잘 먹고, 잘 살았다'며 끝을 맺는데 그림에 작게 그려진 남편이 눈에 띈다. 며느리가 어떤 방식으로 자신의 힘을 발휘해 남편을 시부모님으로부터 독립시켜 함께 살아갈지가 기대되는 열린 결말이다.

『다정해서 다정한 다정 씨』

윤석남 글 · 그림, 한성옥 기획 | 사계절 | 2016

『프리다』

세바스티앙 페레즈 글 · 뱅자맹 라콩브 그림 | 보림 | 2017

『진실을 보는 눈』

바브 로젠스톡 글 · 제라드 뒤부아 그림 | 책속물고기 | 2017

여성의 삶을 예술로 남기다

버지니아 울프는 로열패밀리에서 자랐지만, 당시 사회적 제약으로 대학에 갈 수 없었다. 여성이라는 이유로 사회적 불평등과 편견 속에서 살아야 했다. 하지만 그는 표현의 자유를 포기하지 않았고, 마음의 소리에 귀를 기울이며 자신의 이야기를 계속해서 써나갔다. 울프는 여성이 글을 쓰려면 '돈'과 '자기만의 방'이 필요하다고 주장했다. 물질적, 정신적 해방의 출구로 자유가 존재하는 자기만의 방을 찾아야 한다고 말이다. 작가가 살았던 19세기에는 여성 작가가 자기만의 방에서 창작하는 것이 쉬운 일이 아니었다. 대부분 가족이 함께 사용하는 거실에서 글을 써야 했다.

『다정해서 다정한 다정 씨』는 여성주의 미술의 대모이자 한국 페미니스트 화가 1세대라고 불리는 윤석남의 이야기를 다룬 그림책이다. 아내이자 며느리, 엄마가 된 윤석남은 어느 순간 자신을 잃어버렸다. 자신이 작은 점으로 사라질 것만 같았다. 하지만 마흔이 되어 처음 방을 갖게 된 그는 다시 아름다운 시작점을 찾는다. '겨울 숲속에서 만난 푸른 하늘이 창문에 머무는 세상에서 제일 작은 점, 내 방'에서 말이다. 윤석남은 자기만의 방에서 작은 점의 에너지와 가치를 품고 키운다. 경치 좋고 볕 잘 드는 방에서 그동안 보이지 않았던 것들을 생각하고 느끼게 된다.

그는 가난이나 폭력, 차별로 힘들게 살아가는 여성들을 그림으로 표현하며 작품을 남겼다. 작품이 늘어날 때마다 성장하는 자신의 모습을 보게 되었으며, 많은 이들에게 사랑을 받을수록 세상을 보살피고 싶은 마음이 커지게 되었다. 드디어 윤석남은 세상에서 가장 넓고 볕 잘 드는 자신의 방에서 예술의 꿈을 찾는다. 세상에 존재하는 모든 것이 아름답고 귀한 존재임을 깨달으며, 그동안 자신이 남루하다고 생각한 모두에게 용서를 구한다. 이는 스스로를 초라하게 여겼던 자신에 대한 연민이자, 세상을 향한 사랑의 손짓이다. 세상의 아름다움과 '공생'의 가치를 깨닫고 예술의 의미를 알게 된 것이다.

윤석남의 생애를 담은 또 다른 그림책 『나, 화가가 되고 싶어!』에서 윤석남은 계속해서 그림을 그리고 싶다는 마음의 소리를 듣는다. 더는 참지 않고 그는 화방에 가서 도구를 사고 그림을 배우기 시작한다. 거친 나무 위에 가족들을 위해 한평생 불평 없이 산 엄마를 그린다. 엄마의 주름살 같은 나무 위에 그림을 그리며 엄마가 생명을 낳았듯이 자신은 작품을 세상에 내놓는다는 깨달음을 얻는다. 작가는 연꽃을 배경으로 미소 짓는 여인의 모습을 그렸다. 다시 태어난 윤석남의 생명력이 느껴지는 모습이다. 마치 그가 작품으로 부활해 새 삶을 살아가는 것처럼 느껴진다. 절망하고 웅크리고 있는 여성들에게 다시 태어날 수 있다는 희망의 손길을 뻗는다.

그림 작가 뱅자맹 라콩브와 글 작가 세바스티앵 페레즈는 『프리다』에서 사고, 의학, 대지, 동물, 사랑, 죽음, 모성, 부서진 기둥, 후대의 삶이라는 아홉 가지 주제로 멕시코 화가 프리다 칼로의 삶을 재현한다. 그림책에서 프리다 칼로의 삶과 작품은 화려한 색감과 페이퍼 커팅 기법으로 재해석되었다.

프리다 칼로는 어릴 때 소아마비를 심하게 앓아 다리를 절게 되었다. 엎친 데 덮친 격으로 열여덟 살 때 교통사고를 당하는 불행을 겪는다. 그는 고통스러운 치료를 받으며 병원에 있는 동안 그림을 그리기 시작했다. 삶을 포기하지 않고 거울에 비친 자신의 모습을 그렸다. 프리다 칼로는 민중벽화의 거장 디에고 리베라와 결혼한다. 그러나 행복은 잠시뿐이었고, 남편으로 인해 정신적 고통까지 겪는다. 하지만 프리다 칼로는 인생에서 겪은 고통과 깨달음을 예술로 승화시켰다.

"내 자신의 아픔 속에서 고통 받는 모든 자들의 아픔을 느끼는 것. 그들을 위해 싸우며 살아야 한다는 다짐 속에서 용기를 끄집어 내는 것."

프리다 칼로는 자신이 겪은 경험과 당대 여성들이 처한 어려움을 예술을 통해 표현했다. 또한 멕시코 문화를 작품과 예술 활동에 담아내어 세상에 선보였다. 세상 사람들은 그의 그림을 보며 영감을 얻고 희망을 발견했다. 그가 '나를 잊지 마세요.'라고 말한 것처럼, 예술 작품으로 영원히 사람들 마음속에 기억되었다.

『진실을 보는 눈』의 주인공 도로시아 랭은 프리다 칼로처럼 소아마비를 앓아 오른쪽 다리를 제대로 쓸 수 없었다. 어린 시절 놀림을 받은 그는 사람들의 눈에 띄지 않는 사람, 즉 '보이지 않는 사람'이 되었다. 학교를 마치고 거리를 돌아다니던 그는, 스쳐 지나가는 얼굴들 속에서 단순한 외형이 아닌 그들의 마음과 감정을 깊이 들여다보기 시작했다. 특히 자신처럼 상처와 결핍을 안고 살아가는 사람들을 외면하지 않고 그들에게 손을 내밀었다.

사람들의 다양한 표정과 모습을 통해 세상을 보게 된 도로시아는 사진작가가 되어 그들을 세상에 보여주고 싶었다. 그는 꿈을 이루기 위해 사진 기술을 배웠고, 사진관을 열어 인물사진을 찍기 시작했다. 도로시아 랭은 사진 한 장을 통해 '보이지 않는 사람'을 세상에 '보이는 사람'으로 가시화하며, 세상 밖으로 그들을 나오게 하였다. 그가 셔터를 누르는 작은 행동은 소외되었던 이들을 사진으로 남기는 큰 변화의 힘이었다. 한 장한 장 모인 인물 사진들은 우리가 관심을 두지 않았던 이들을 마주하게 되는 기회의 시간을 마련했다.

앞서 살펴본 그림책 속 주인공들은 사회적 편견으로 어려운 환경에 놓이게 되었다. 여성이라는 이유로 많은 제약이 따랐지만, 포기하지 않고 예술가가 된다. 그들은 작품을 통해 연약해진 자신의 몸과 마음을 치유했다. 자신의 경험을 토대로 동시대를 함께 살아가던 여성들과, 비슷한 아픔을 가진 이들을 작품에 담아내며 많은 사람에게 희망과 용기를 전했다.

함께 읽으면 좋은 그림책

『우리는 예술가다』 카리 허버트 글 · 그림 | 부키니스트 | 2021

위대한 여성 예술가 열다섯 명이 장애물을 뛰어넘고 자신의 예술 작업을 인정받기까지의 과정을 담은 그림책이다. 그들은 화가, 조각가, 디자이너, 공예가로 활동하며 사회적 편견과 병마 그리고 불안까지 이겨낸다. 관습에 얽매이지 않고 새로운 시도와 끊임없는 노력으로 창작 활동을 이어갔다. 야요이 쿠사마는 인류를 치유하기 위해 그림을 그렸고, 암리타 셰르길은 그림은 곧 자신이라고 말했다. 또, 수잔 발라동은 작품을 통해 자신을 발견하고 만들어 간다고 했다. 이외에도 이 그림책에 등장하는 여성 예술가들의 의식은 사회에 큰 영향을 주었다. 그림책을 통해 어린이들은 예술가의 모습을 보며, 자신이 내딛는 길에 멋진 발걸음을 뗄 수 있을 것이다.

『엠마』 웬디 케셀만 글 · 바바라 쿠니 그림 | 느림보 | 2004

이 그림책은 엠마 스턴이라는 화가의 실화를 바탕으로 만들어졌다. 그는 72세에 그림을 시작해 92세까지 수백 점의 작품을 남겼다. 혼자 외롭게 지내던 엠마는 가족들에게 72세 생일날 그림 선물을 받는다. 고향 마을 풍경을 담은 그림은 엠마가 생각했던 모습과 달랐다. 그는 직접 그림을 그리기로 마음먹는다. 그림 작가는 그림책 속에 엠마의 그림을 담아 화가의 실제 삶을 생생하게 표현했다. 그의 그림에는 삶에 대한 따뜻함과 세심함이 담겨 있다. 엠마는 날마다 그림을 그렸고, 집 안 전체는 갤러리가 된다. 그동안 벽에 걸렸던 다른 이의 그림 대신 자신이 그린 그림이 걸린다. 엠마의 그림을 보러 사람들이 모였다. 그의 외로웠던 삶이 활기로 채워지며 다른 사람에게 꿈과 희망이 되었다.

『풀이 나다』 한나 글 · 그림 | 딸기책방 | 2020

책방에서 주최한 그림책 워크숍에 참가한 한나 작가는 워크숍을 마치고도 그림책을 완성하기까지 수개월이 걸렸다. 작가는 '머리에 풀이 자라는 여자'의 이미지를 그리기 위해 인고의 시간을 보낸다. 주인공이 머리에 온갖 꽃을 피워낸 뒤 자신을 받아들인 것처럼 말이다. 우리는 늘 타인과 비교하는 삶을 살게 된다. 여자는 풀이 나는 모습을 다른 사람에게 들키고 싶지 않아 뽑아 버리고, 어둠 속에 숨고, 모자로 가린다. 하지만 아무리 애를 써도 풀이 나는 것을 막을 수는 없었다. 결국 여자는 머리 위에서 잎을 틔우는 자신을 받아들이게 된다. 남들과 다른 모습인 자신을 받아들이는 일은 쉽지 않다. 하지만 타인의 시선에 대한 두려움을 과감하게 버리면 행복은 스스로 만들어 갈 수 있다.

07

젠더,

성별이라는 철창

젠더Gender는 사회적으로 정의된 성을 의미하는 개념으로, 남성과 여성의 역할뿐만 아니라 개인의 신념과 태도, 권력 구조 등 사회 전반에 영향을 미친다. 최근 젠더 문제에 대한 논의가 활발해지면서, 전통적 성 역할과 고정관념을 재해석하는 작업이 이어지고 있다. 그 일환으로 옛이야기를 다시 쓰는 움직임도 활발하게 진행되고 있는데, 이는 가부장적 이데올로기가 반영된 전래 동화를 현대적 가치관에 맞게 재구성하는 과정이다.

그중에서도 신데렐라는 다양한 방식으로 패러디되며, 젠더 문제를 다루는 대표적인 사례로 손꼽힌다. 미국의 운동가이자 문화 비평가인 리베카 솔닛이 글을 쓰고, 아서 래컴이 그림을 그린 『해방자 신데렐라』는 성별, 인종, 계급, 문화적 차별과 소수자를 둘러싼 편견을 깨뜨리는 내용을 담고 있다. 특히 아서 래컴의 실루엣 삽화는 등장인물의 인종을 특정하지 않아 포용적인 시각을 보여준다.

우리가 익히 알고 있는 신데렐라는 새엄마와 언니들에게 학대를 당하는 불쌍한 소녀로 묘사되지만, 『해방자 신데렐라』

에서는 스스로 어려운 일을 해내고 사람들과 어울리는 강인한 인물로 등장한다. 그는 노동을 통해 자립하는 인물로 묘사되며, 작은 발을 여성스러움의 상징으로 내세운 원작과 달리, 큰 발을 가진 노동하는 여성으로 그려진다. 반면, 새 언니 펄리타와 팔로마는 전통적인 여성성에 갇혀 능동적으로 살아가지 못하는 모습을 보인다. 이와 같은 설정은 '여성다움'과 '남성다움'이라는 고정관념이 단순히 사회적으로 구성된 개념에 불과하다는 점을 강조한다.

신데렐라는 동물들에게도 따뜻한 태도를 보인다. 그는 단순히 자신의 자유를 찾는 것이 아니라, 주변 사람들과 함께 해방을 이루는 것이 중요하다고 믿는다. 신데렐라는 결혼을 통해 행복을 찾지 않고, 자신의 꿈이었던 케이크 가게를 열며 자립의 길을 선택한다. 전통적인 왕자와의 로맨스 서사를 따르지 않고, 네버마인드 왕자와 우정을 나누며 서로의 꿈을 이야기하는 친구로 남는다. 이러한 설정은 결혼이 여성의 삶에서 필수적인 요소가 아니라는 메시지를 전달한다.

최근 남성과 여성에게 사회적으로 기대되는 전통적 성 역할에 대한 반발이 이어지고 있다. 해외에서는 논바이너리Non-Binary 캐릭터가 등장하는 애니메이션과 도서가 점점 증가하는 추세이다. 디즈니나 픽사와 같은 대형 스튜디오에서도 성 고정관념을 탈피한 캐릭터와 스토리를 내놓고 있다. 애니메이션

〈알라딘〉에서는 전통적 성 역할을 벗어나고자 하는 캐릭터가 등장하며, 〈슈렉〉 시리즈에서도 왕자와 공주 서사의 전형을 깨는 내용이 담겨 있다. 또한, 그림책에서도 성별에 얽매이지 않고 자신의 정체성을 찾는 캐릭터들이 점점 많아지고 있다.

옛이야기의 재해석은 단순한 이야기의 변형을 넘어, 사회적 고정관념을 해체하고 보다 포용적인 시각을 제시하는 역할을 한다. 기존의 동화 속에는 성별뿐만 아니라 계급과 인종 등 다양한 사회적 차별이 깊이 스며들어 있음을 깨닫는 계기가 된다. 『해방자 신데렐라』와 함께 1920년대 영국 런던을 배경으로 한 로베르토 인노첸티의 『신데렐라』, 그리고 전통적 서사를 벗어나 주체적으로 자신의 행복을 찾아가는 엘렌 젝슨의 『신데룰라』 등을 함께 읽어보면 더 넓은 시각을 가질 수 있을 것이다.

이 장에서는 다양한 그림책을 통해 '여자다운 것'과 '남자다운 것'의 의미를 다시금 생각해 본다. 다양한 형태의 사랑과 가족의 모습을 접하며, 우리가 당연하게 여기는 것들이 사실은 사회적으로 형성된 것임을 깨닫는 계기가 되었으면 한다. 젠더 문제를 논의하는 것은 단순한 유행이 아니라, 우리 사회가 조금 더 평등하고 다양한 정체성을 포용하는 방향으로 나아가는 중요한 과정이다. 이러한 사회는 책 속에서, 또 우리 아이들의 삶 속에서 시작된다.

『내가 예쁘다고?』

황인찬 글 · 이명애 그림 | 봄볕 | 2022

『여자가 되자!』

요헨 틸 글 · 라이문트 프라이 그림 | 아름다운사람들 | 2020

『여자와 남자는 같아요』

플란텔 팀 글 · 루시 구티에레스 그림 | 풀빛 | 2017

성별의 틀을 넘어

'예쁘다'라는 표현의 사전적 의미는 '생긴 모양이 아름다워 눈으로 보기에 좋다'이다. 주로 여성의 외모를 평가할 때 사용되는 형용사로, 남성에게는 '잘생겼다'라는 말을 쓴다. 이러한 단어는 오랜 기간 사용되어 당연한 것처럼 느껴지지만, 결코 그렇지 않다. 누구도 '보기에 아름다워서 좋다'고 평가받아야 할 이유는 없기 때문이다. 『내가 예쁘다고?』는 초등학교 교실에서 여자아이가 무심코 던지는 한마디로 시작된다.

"되게 예쁘다."

김경희의 한마디는 나를 혼란스럽게 만든다. '예쁘다'라는 말이 도대체 어떤 의미인지, 왜 나에게 그런 말을 했는지 하루 종일 그 말을 되뇌며 거울에 비친 내 얼굴을 찬찬히 살펴본다. 잘 살펴보니 나에게도 예쁜 구석이 있는 것 같다. '내가 예쁘구나!'라는 발견은 점점 설렘으로 바뀌어 간다. 집에 가는 길 노을을 보고 예쁘다고 하는 할머니 말에 마음이 간질간질하다.

아쉽게도 그 말의 대상은 내가 아닌 벚꽃이었지만, 덕분에 나는 '예쁘다'라는 말의 쓰임을 알게 되었다. '예쁘다'라는 말이 성별과 상관없이, 보면 기분이 좋아지는 모든 것에 쓰일 수 있다는 사실을 말이다.

사전적 의미에서 '여자'는 아기를 직접 낳을 수 있는 성性을 가진 사람을 두루 이르는 말이지만, 우리는 '여자'라는 말에 여러 가지를 떠올린다. 우리가 생각하는 사회적 의미의 여자는 예쁘고, 얌전하며, 인형을 좋아한다. 또 요리를 잘하고, 분홍색을 좋아한다. 이러한 우리의 고정관념을 깨주는 그림책이 바로 『여자가 되자!』이다. 이 그림책은 글과 그림이 서로 반대되는 이야기를 한다. 글은 사회적인 '여자'에 대한 고정관념을 담고 있지만, 그림은 그와 정반대의 모습을 보여주며 웃음을 준다.

'여자는 늘 예뻐요'라는 글 위에는 헝클어진 머리에 피곤한 얼굴을 한 여자가 서 있다. '여자는 누구나 공주가 되고 싶어해요'라는 글에는 드레스를 구석으로 던져놓은 채, 기사 옷을 입고 칼과 방패를 든 여자아이의 모습이 그려져 있다. 수학과 운동을 잘하고, 기계를 다루거나 조립하는 걸 좋아하는 게 여자와 남자를 구분하는 기준이 될 수는 없다. 여자 중에는 운동을 잘하는 여자도 있고, 요리를 못하는 여자도 있다. 이 그림책은 이러한 차이가 단지 성별의 문제가 아닌 사람 간의 차이임을 이야기한다.

최근 한국에서는 '핑크 택시' 논란이 있었다. 여성을 위한 안전한 이동 수단이라는 명목으로 도입되었지만, 오히려 특정 성별을 구분 짓고 사회적 고정관념을 강화한다는 비판이 나왔다. 이는 『여자가 되자!』가 전달하는 메시지와 맞닿아 있다. 사회가 만들어놓은 틀 속에서 여성과 남성을 구분하고 특정 역할을 강요하는 것이 아니라, 개개인이 원하는 삶을 선택할 수 있어야 한다는 점을 강조하고 있다.

『여자와 남자는 같아요』의 표지에는 하얀 물방울무늬의 빨간 원피스를 입고 구두를 신은 수염 가득한 남자와, 검은 정장을 차려입고 빨간색 타이를 맨 여자가 손을 꼭 잡고 우리를 바라보는 모습이 그려져 있다. 성 고정관념을 유쾌하게 비튼 이 모습은 그림책의 주제를 한눈에 보여준다.

이 그림책은 1977년부터 1978년 사이, 스페인 바르셀로나의 라 가야 과학출판사에서 플란텐 팀이 기획한 '내일을 위한 책' 시리즈 중 하나로 처음 출간되었다. 독재와 민주주의, 사회계급, 성평등 등 사회를 구성하는 중요한 주제를 어린이의 눈높이에서 다루고자 기획한 시리즈였다. 약 40여 년 후, 이 책이 처음 출간된 1977년에 태어난 일러스트레이터 루시 구티에레스가 그림을 맡아 그림책으로 새롭게 재탄생했다. 원작의 메시지에 현대적인 감각을 더한 이번 판은, 세대와 감성을 아우르며 더욱 폭넓은 독자들의 공감을 이끌어냈다.

최초 출간일로부터 거의 반세기가 지났고, 그림책 형태로 나온 지도 10여 년이 흘렀지만, 『여자와 남자는 같아요』는 여전히 오늘의 이야기를 하고 있다. 그만큼 성평등과 젠더 인식은 여전히 현재진행형의 과제이며, 이 그림책은 그 논의에 친근하게 다가설 수 있는 창구가 되어준다.

한국에서도 여성의 경력 단절, 채용 성차별 등의 이슈가 여전히 논란이 되고 있다. 최근 한 대기업의 공채 과정에서 남성 지원자를 우대했다는 사실이 밝혀지면서 성평등에 대한 논의가 다시금 불붙었다. 『여자와 남자는 같아요』는 이런 현실을 되돌아보게 하며, 남녀의 역할이 다르다는 사회적 통념이 어떻게 만들어지는지 보여준다.

그림책의 앞 면지에는 '여자의 일생'이, 뒤 면지에는 '남자의 일생'이 그려져 있다. 10년 단위의 생애 주기는 다른 듯 하면서도 매우 유사하다. 세상은 여자와 남자가 동등하다고 말하지만, 실제로는 남자가 여자보다 중요해 보인다. 하지만 이 그림책이 보여주듯 일과 재능, 용기는 성별의 차이와 아무 상관이 없다. 여자와 남자는 성별이 다른 것만 제외하면 거의 모든 면에서 똑같다. 하지만 사회의 목소리에 의해 여자아이와 남자아이는 점점 다른 모습으로 자란다.

성은 중요하다. 서로 사랑하고 생명을 이어갈 수 있게 한다. 하지만 한국의 성차별 보고서는 해마다 두꺼워지고 있다. 2023년 여성가족부 가족실태조사에 따르면, 3년 전보다 성 역할 고정관념이 강화된 것을 알 수 있다. '가족의 경제적 부양은 주로 남성이 해야 한다'는 문항에 대한 동의는 22.4퍼센트에서 33.6퍼센트로 10퍼센트 넘게 상승했고, '가사는 주로 여성이 해야 한다'는 문항은 12.7퍼센트에서 21.5퍼센트까지 올랐다. 남성과 여성의 서로를 향한 혐오는 점점 극단으로 치닫고 있다. 성 고정관념은 뿌리 깊게 자리 잡아 우리의 무의식을 지배한다. 우리는 태어날 때부터 사회가 만들어 놓은 성차별에 노출되어 이를 깨닫기 쉽지 않다. 하지만 이 세 그림책을 읽으며 자신뿐 아니라 타인을 판단했던 색안경을 조금씩 벗게 될 것이라 믿는다.

함께 읽으면 좋은 그림책

『평등한 나라』 요안나 올레흐 글 · 에드가르 봉크 그림 | 풀빛 | 2018

평등한 나라를 표방하는 에갈리타니아에는 약 4천만의 곰들이 산다. '모든 국민은 법 앞에서 평등하다'라는 대한민국 헌법 제 11조 1항처럼 곰 헌법에도 모든 곰이 평등하다고 적혀 있다. 그러나 곰들이 평등하다고 말하는 건 마이크를 쥐고 있는 파랑 곰들뿐이다. 그 시각, 분홍 곰들은 집 안에서 설거지를 하고, 아기 곰들을 돌보고 있다. 분홍 곰들은 유리 천장에 머리를 부딪치고 끈끈한 바닥에 붙어 옴짝달싹할 수 없다. 마치 대한민국의 현주소를 보는 듯한 이 그림은 분홍과 파랑의 대비를 통해 남성과 여성의 성차별을 극명하게 보여준다. 작가는 여러 면을 할애해 곰의 색을 비워둠으로써 독자의 참여를 유도한다. 바람이 있다면, 파랑과 분홍뿐 아니라 다양한 색들이 어우러지는 나라가 되었으면 좋겠다.

『안녕? 나의 핑크 블루』 윤정미 사진 · 소이언 글 | 우리학교 | 2021

성 고정관념은 언제 만들어질까? 아마도 태어나는 순간일 것이다. 혹은 그보다 더 이전일지도 모른다. 아이의 탄생을 축하하는 선물을 사러 가면 여자아이는 분홍색, 남자아이는 파란색 계열의 옷을 추천받는다. 성별에 따라 구분된 옷 색상은 천편일률적이다. 옷뿐만 아니라 신발, 장난감 등 아이가 세상에서 만나는 많은 것들이 성별에 따라 나뉘어진다. 그림책을 펼치면, 아이들이 얼마나 많은 고정관념에 둘러싸여 있는지 실감이 된다. 그동안 너무도 당연하게 여겨왔지만, 사실은 전혀 당연하지 않은 것을 시각적으로 전달한다. 분홍색 인형과 옷 등에 둘러싸인 여자아이, 파란색 장난감과 신발 등에 둘러싸인 남자아이를 보면 아찔해진다. 성 고정관념은 타고나는 것이 아니라 만들어진다는 것을 확연히 깨닫게 된다.

『남자아이 여자아이』 조아나 에스트렐라 글 · 그림 | 그림책공작소 | 2021

어린아이가 크레파스로 그린 듯한 단순한 그림이지만 결코 단순하지 않은 내용을 담고 있다. 겉모습만 보고 남자인지 여자인지 구분할 수 있을까? 짧은 머리는 남자고 긴 머리는 여자일까? 치마를 입으면 여자고 바지를 입으면 남자일까? 축구 경기에서 재빠른 공격수는 남자이고, 우아한 무용수는 여자일까? 우리는 사람들을 볼 수는 있지만 그 사람을 다 알 수는 없다고 작가는 말한다. 또한 여자 아니면 남자, 두 가지로만 구분할 수 없다고 이야기한다. 이처럼 구분이 쉽지 않은 상황에서 남자다움과 여자다움이 의미가 있을지를 되묻는다. '내가 누구일까?'라는 질문의 답은 다른 사람들이 정하는 것이 아니라 내가 정해야 한다. 나답고 당당하게 가고 싶은 길을 걸어나가는 것이다.

『으르렁 아빠』

알랭 세르 글 · 브뤼노 하이츠 그림 | 그림책공작소 | 2016

『아빠 인권 선언』

엘리자베스 브라미 글 · 에스텔 비용-스파뇰 그림 | 노란돼지 | 2018

『내가 엄마라니!』

라이언 T. 히긴스 글 · 그림 | 토토북 | 2020

아빠에게도 아이를 키울 권리가 있다!

전통적으로 아이의 주 양육자는 엄마이고, 아빠는 가족의 생계를 책임지며 '도와주는' 존재로 인식되어왔다. 엄마가 없다면 할머니나 이모 등 다른 '여성'이 주 양육자 역할을 맡는다. 성 역할 구도 속에서 아빠는 강해야 한다는 사회적 압박을 받으며, 내면의 불안을 숨기고 권위적인 태도를 유지하게 된다. 『으르렁 아빠』는 가부장제 사회가 아빠에게 부여한 역할과 정체성의 한계를 드러낸다. 그림책 속 아빠는 이름처럼 늘 으르렁거리는 검은 늑대로, 가족과 있을 때조차 검은 장갑과 장화를 벗지 않는다. 강해야 한다는 강박 때문에 약한 모습을 보이면 가족들이 자신을 싫어할까 봐 두려워한다.

어느 날 아이들은 잠이 든 으르렁 아빠의 장갑과 장화를 벗긴다. 그러자 검은색에 가려졌던 아빠의 본모습이 드러난다. 아빠의 네 발은 사각사각 사과 같은 초록색, 아름다운 장미 같은 완벽한 분홍색, 미나리아재비의 작고 연약한 꽃망울처럼 아름답고 선명한 노란색, 땅을 사랑하는 하늘과 꼭 같은 파란색을 띠고 있다. 알록달록한 네 발은 사회가 요구하는 '강인함'과는 다른 연약하고 다채로운 정체성을 상징한다. 자신의 진짜 모습을 들키고 싶지 않았던 으르렁 아빠는 초라하고 약해 보이는 발을 감추기 위해 페인트칠을 하고, 의사를 찾아가고, 철물상에서 가리개를 붙이려 하지만, 그 색은 지워지지 않는다.

가장 중요한 장면은 아빠가 자신의 본모습으로 가족들 앞에서 눈물을 흘리는 순간이다. 이는 부성의 권위를 '힘'이 아닌 '돌봄과 공감'으로 재정의하는 계기가 된다. 가족은 강한 아빠를 원한 것이 아니라, 따뜻하고 부드러운 품을 가진 아빠를 기다리고 있던 것이다. 그림책은 아빠의 정체성 변화를 통해 '부모됨'의 의미를 성별 규범에서 해방시키며, 권위적인 모습이 아닌 자신의 진짜 모습을 드러낼 때 더 따뜻한 아빠가 될 수 있다고 말한다.

'엄마'라는 말은 본능적으로 자식을 돌보는 존재를 떠올리게 한다. 우리는 종종 그 단어를 생물학적 여성과 동일시한다. 길에 혼자 있는 아이를 보면 대부분 '엄마는 어디 있니?'라고 묻는 것처럼, 우리도 모르게 엄마를 주 양육자로 가정한다. 그러나 이러한 인식은 여성에게는 모성에 대한 사회적 책임을 강요하고, 남성에게는 자녀를 돌볼 기회를 제한하는 결과를 낳는다. 이런 고정관념을 유쾌하게 뒤흔들며, 성별이 아니라 '마음'과 '행동'으로 부모가 될 수 있다는 가능성을 보여주는 그림책들이 있다.

'우리 가족 인권 선언' 시리즈는 총 네 권으로 이루어져 있다. 각각 엄마, 아빠, 딸, 아들의 인권을 다룬다. 우리의 머릿속에 자리한 '엄마', '아빠', '딸', '아들' 역할에 대한 고정관념이 꼭 맞지 않는다는 사실을 글과 그림을 통해 알려준다. 그중 『아빠 인권 선언』을 살펴보자. 눈길을 끄는 것은 제2조 엄마처럼 할 수 있는 권리(아기를 배고, 아기를 낳고, 젖을 주는 것은 빼고), 한밤중에 일어날 권리, 갓난아기의 기저귀를 갈고, 응석을 받아 주고, 학교 안 가는 날에 놀아줄 권리이다. 그림 속 아빠는 휠체어를 타고 아이와 농구 게임을 함께 한다. 남성이어도 장애가 있어도 아이와 함께할 권리, 엄마처럼 할 수 있는 권리가 있는 것이다.

제7조는 육아 휴직을 선택할 수 있는 권리, 집에 머물며 아이를 키울 수 있는 권리이다. 그림 속 아빠는 아이의 첫걸음마를 감동적인 표정으로 바라보고 있다. 저녁 없는 삶을 살면서 경제적인 부분을 담당해야 하는 아빠들은 아이의 첫 순간을 함께하지 못하며, 아이를 키울 수 있는 권리를 누리지 못하는 경우가 많다. 그림책에는 아빠들이 아이를 키우는 다양한 형태의 모습을 담고 있다.

에즈라 잭 키츠 상과 E.B. 화이트 상을 받은 『내가 엄마라니!』는 '브루스' 시리즈 중 하나로, 브루스가 어쩌다 아빠가 아닌 엄마가 되었는지에 대한 이야기를 담고 있다. 숲속에서 혼자 사는 부루퉁한 곰 브루스는 기러기알을 먹으려고 요리하다 생각지도 못한 일을 당하고 만다. 요리 재료였던 기러기알이 부화한 것이다. 꼼짝없이 기러기들을 떠맡게 된 브루스는 '수컷' 곰임에도 불구하고 '엄마'라고 불린다.

부루퉁한 브루스는 부루퉁한 얼굴로 기러기들을 돌보는 엄마가 된다. 거칠고 어설프지만 자기만의 방식으로 새끼 기러기를 까칠한 사춘기에서 뺀질대는 청년으로 자랄 때까지 키워낸다. 독립을 시키기 위해 나는 법을 열심히 가르치지만, 기러기 녀석들은 도무지 브루스 곁을 떠나지 않는다. 브루스는 겨울을 나야 하는 기러기들을 위해 따뜻한 남쪽 바닷가로 버스를 타고 간다. 해변에서 기러기들은 튜브를 타고 헤엄을 친다. 그리고 브루스는 늘어지게 낮잠을 잔다. 새알을 톡 깨서 맛있게 먹는 꿈을 꾸면서 말이다. 그림책의 제목은 '아빠'를 먼저 쓰고 지운 뒤, 그 위에 '엄마'라고 적었다. 아빠도 아빠의 방식으로 아이들을 키워낼 수 있다는 것을 의미한다.

하지만 현재 대한민국의 법률은 현실을 충분히 반영하지 못한다. 현행 가족관계등록법에 따르면, 혼인 외 출생자의 경우 출생신고는 생모만이 할 수 있으며, 미혼부는 생모의 협조 없이는 출생신고를 할 수 없다. 이로 인해 미혼부는 소송 등의 복잡한 절차를 거쳐야만 출생신고를 할 수 있는 상황이다. 2023년 3월, 헌법재판소는 이러한 법 조항이 아동의 '출생 등

록될 권리'를 침해한다며 헌법불합치 결정을 내렸다. 헌법재판소는 2025년 5월 31일까지 법을 개정하라고 주문했지만, 아직까지 국회에서 관련 법안이 발의되지 않아 법 개정이 이루어지지 않고 있다.

이러한 현실은 그림책에서 강조하는 '아빠도 아이를 돌볼 수 있는 권리'와 큰 괴리를 보인다. 법률이 현실을 따라가지 못하고 있는 상황에서, 그림책은 오히려 사회적 인식을 변화시키는 데 중요한 역할을 한다. 세 그림책은 아빠도 아이를 돌볼 수 있는 권리와 능력이 있음을 강조하며, 법 개정의 필요성을 더욱 부각시킨다. 시대와 문화에 따라 형성된 엄마와 아빠의 역할은 고정불변이 아니다. 그림책 속 아빠들처럼, 각자의 방식대로 아이를 돌보는 것이 존중받는 세상이 되기를 바란다.

함께 읽으면 좋은 그림책

『남자가 울고 싶을 땐』 존티 홀리 글 · 그림 | 불의여우 | 2019

남자는 평생 세 번 운다는 말이 있다. 이 말이 상징하는 것처럼 전통적으로 남자는 슬픈 일이 있어도 눈물을 참아야 한다고 여겨졌다. 남자는 강인해야 하며, 감정을 억제해야 한다는 사회적 요구가 있었다. 한국뿐 아니라 서양에서도 마초적인 남성상을 요구하며 남자가 울면 부끄럽다고 생각한다. 아빠와 단둘이 사는 레비는 전학 첫날 두려움과 불안으로 눈물이 날 것 같았지만, 아빠는 '남자는 울지 않는 거'라고 말하며 눈물을 참게 한다. 그러나 레비는 학교 가는 길에 다른 남자들이 울고 싶을 때 맘껏 울고 있는 모습을 보고, 울고 싶을 때 울어야 건강하게 살 수 있다는 교훈을 얻는다. 울고 싶을 때 우는 것은 부끄러운 일이 아니라, 인간으로서 꼭 필요한 감정의 해소 과정임을 보여준다.

『우리 아빠가 엄청 멋졌었다고?』

키스 네글리 글 · 그림 | 후즈갓마이테일 | 2020

문신, 전자 기타, 오토바이로 상징되는 과거의 아빠는 자유분방하고 반항적인 록밴드의 주인공이었다. 그러나 아이의 눈앞에 있는 현재의 아빠는 청소기를 돌리고, 운동화 끈을 묶어주며, 놀이터에서 아이와 뛰노는 일상의 존재이다. 겉으로는 두 모습이 전혀 연결되지 않는 것처럼 보이지만, 그림책은 이를 대립이 아닌 '부성 서사의 재구성'으로 보여준다. 무대 위에서의 에너지는 이제 아이와 함께 뛰고 웃는 시간 속에서 이어지고 있다. 과거의 '멋짐'을 잃고 현재의 '평범함'으로 변한 것이 아니라, 아빠라는 새로운 정체성 안에서 '여전히 멋짐'을 깨닫는 과정을 보여준다.

『고릴라』 앤서니 브라운 글 · 그림 | 비룡소 | 1998

아빠와의 관계에서 소외감을 느끼는 한나의 이야기이다. 한나는 아빠와 함께 시간을 보내고 싶지만, 늘 일에 치이는 아빠는 좀처럼 시간을 내지 못한다. 생일날 아빠와 동물원에 가기를 바랐던 한나에게 아빠는 대신 고릴라 인형을 선물한다. 그러나 한나의 간절한 바람이 이루어져 아빠를 닮은 고릴라와 동물원에 가게 된다. 아빠와 나누는 소중한 시간이 얼마나 중요한지를 보여주는 그림책이다. 한나와 고릴라가 함께 보내는 즐거운 시간을 통해 진정한 소통이 이루어지는 순간이 얼마나 특별한지를 알 수 있다.

『인어를 믿나요?』

제시카 러브 글 · 그림 | 웅진주니어 | 2019

『줄무늬가 생겼어요』

데이빗 섀논 글 · 그림 | 비룡소 | 2006

『줄리의 그림자』

크리스티앙 브뤼엘 글 · 안 보즐렉 그림 | 이마주 | 2019

나다운 권리

여기, 인어가 되고 싶은 남자아이가 있다. 줄리앙은 인어가 정말 좋아서 자신이 인어가 된 상상까지 한다. 긴 머리를 늘어뜨리고 화려한 물고기들 사이를 유영하는 모습을 상상하면 행복해진다.

인어를 본 적 있다는 할머니에게, 줄리앙은 자신이 인어임을 말해도 될 것 같다는 생각이 든다. 자신도 인어라고 조심스럽게 고백하지만, 할머니는 별 반응을 보이지 않는다. 할머니가 자리를 비운 사이, 줄리앙은 직접 보여주기 위해 꽃과 풀로 긴 머리를 만들고 립스틱도 바른다. 커튼을 허리에 둘러 지느러미도 표현한다. 아름다운 인어의 모습으로 할머니 앞에 나타났지만, 줄리앙의 기대와 달리 할머니는 잔뜩 찌푸린 얼굴을 할 뿐이다.

자신이 인어라는 사실을 믿지 않는다는 것을 확인한 줄리앙은 의기소침해진다. 늘어뜨린 커튼, 립스틱을 바른 자신의 얼굴이 갑자기 부끄럽게 느껴진다. 자신의 존재에 대한 수치심을 느끼는 순간이다. 그런 줄리앙에게 할머니는 네게 어울릴 것 같다며 목걸이를 건넨다. 그리고 줄리앙과 함께 거리로 나선다. 뉴욕 코니아일랜드에는 1983년부터 매년 인어 퍼레이드가 열린다. 줄리앙은 퍼레이드의 일원이 되어 다른 인어들과 함께 걷는다.

그림책 『인어를 믿나요?』의 원제는 'Julian Is a Mermaid'이다. 'Mermaid'는 여성 인어를 뜻하고, 남성 인어는 'Merman'이라 부른다. 남자아이인 줄리앙을 'Mermaid'라고 칭하는 것은 성 정체성을 드러내는 것으로 해석할 수 있다. 할머니는 목걸이를 건네는 행위로 줄리앙의 마음을 보듬어준다. 그리고 자신을 부끄럽게 생각하는 줄리앙이 당당히 사회의 일원이 될 수 있도록 이끌어준다. 그곳에는 다양한 모습의 인어가 있다. 하이힐을 신은 흑인 남성, 머리에 물고기 가면을 쓴 사람들, 화려하게 분장한 반려동물도 보인다. 각자의 모습대로 함께 어우러져 있는 이들의 풍경은 참 아름답다. 그 안에서 줄리앙은 사회의 시선으로부터 자유롭게, 그리고 당당하게 한 손을 높이 들고 자신을 온전히 사랑할 수 있다.

『줄무늬가 생겼어요』라는 그림책도 성 정체성과 자기표현의 중요성을 다룬다. 선명한 줄무늬를 한 여자아이가 입에 체온계를 물고 침대에 누워있다. 『안 돼, 데이비드!』로 잘 알려진 데이비드 섀넌 작가의 그림책으로, 표지만으로도 강렬한 느낌을 준다.

그림책의 주인공 카밀라는 아욱콩을 좋아하지만, 친구들이 모두 싫어하기 때문에 먹지 않는다. 학교에 가는 첫날, 빨간 원피스를 입으려는 카밀라의 얼굴은 불만에 가득 차 있다. 그때 갑자기 카밀라의 머리부터 발끝까지 줄무늬가 생긴다. 빨강, 주황, 노랑, 초록, 파랑, 보라-여섯 가지 무지개색으로 이루어진 줄무늬는 이 그림책을 관통하는 뚜렷한 상징이다.

앞표지에는 알록달록 무지개 줄무늬가 생긴 카밀라의 모습이, 뒤표지에는 여섯 가지 무지개 줄무늬가 그려져 있다. 속표지에서 그림책의 원제 'A Bad Case Of Stripes'는 여섯 가지 무지개색으로 강조되었다. 이는 무지개 줄무늬가 단순한 마음의 병이 아닌, 성적 다양성과 정체성을 상징함을 의미한다.

1978년 미국의 인권운동가 길버트 베이커는 성적 다양성을 의미하는 무지개 깃발을 만들었다. 이 깃발을 처음 주문한 사람은 캘리포니아주 최초의 성 소수자 정치인으로, 동성애 인권운동을 했던 하비 밀크이다. 보이지 않는 존재들을 가시화하고 다양한 정체성의 화합을 위해 무지개색으로 정한 것이다. 처음에는 일곱 가지 색이었던 무지개 깃발은 1978년 6월 25일 샌프란시스코 게이 프리덤 퍼레이드Gay Freedom Day에서 처음 모습을 드러냈다. 1978년 11월 하비 밀크는 반동성애 보수당원인 시 의원 댄 화이트의 저격으로 사망했다. 이를 추모하기 위해 열린 대규모 게이 퍼레이드에서 세 개씩 길 양쪽에 나누어 행진하기 위해, 청록과 파랑을 하나로 합쳐서 여섯 가지 색으로 사용하게 되었고, 지금까지 이어오고 있다.

그림책 속에서 카밀라는 아욱콩을 좋아하지만, 먹고 싶다고 차마 말할 수 없어 문제가 생긴 것처럼 보인다. 그러나 그림을 자세히 들여다보면, 아욱콩이 카밀라의 성 정체성을 나타내고 있음을 알 수 있다. 아욱콩을 먹지 않던 카밀라는 여성성의 상징으로 사용되는 핑크색 리본을 하고 있다. 이후 다른 사람의 시선을 신경 쓰지 않고 자기가 좋아하는 아욱콩을 먹은 뒤 환하게 웃는 카밀라의 리본은 여섯 가지 무지개색으로 변해 있다. 줄무늬가 생긴 카밀라를 보기 위해 집 앞에 모여든 사람들 가운데 'LOVE'라는 글자가 적힌 여섯 가지 무지개색 티셔츠를 입은 사람도 발견할 수 있다.

다른 사람들의 말에 휘둘리다 더 엉망이 되어 가는 카밀라의 모습에서 나의 모습을 보게 된다. 타인과 비교하며 기준에 맞지 않는다고 나를 다그친다면 병들고 말 것이다. 내가 아욱콩을 좋아한다고, 먹고 싶다고 말할 수 없다면, 다른 사람이 완두콩을 좋아하는 것도 이해할 수 없다는 사실을 그림책에서 배울 수 있다.

'어느 도시, 어느 마을, 어느 집, 한 아이의 방'으로 시작하는 『줄리의 그림자』는 마치 'Once upon a time'으로 시작하는 옛이야기 같다. 언제 어디선가 일어나는 일은 곧 '지금, 여기,

나에게' 일어나는 일의 다른 이름이다.

물건들이 널브러져 있는 방은 줄리라는 여자아이의 방이다. 줄리는 부모님으로부터 '여자아이답지 않다'라는 말을 들을 때 혼란스럽다. 부모님의 눈에 비친 줄리는 왈가닥, 천방지축, 말괄량이, 선머슴 같은 녀석이다. 그러나 줄리는 다른 사람에게 사랑받고 싶다. 그래서 부모님이 원하는 모습에 맞춰 자신을 변화시킨다. 하지만 단정한 여자아이로 변할수록 줄리의 표정은 점점 어두워진다. 그러던 어느 날 줄리에게 남자아이의 그림자가 생긴다. 줄리는 그 그림자를 부정하고 벗어나고자 한다. 자신이 몸만 여자인 남자일지도 모른다는 생각에 눈물을 흘리기도 한다.

더 이상 자신이 누군지 알 수 없었던 줄리는 그림자를 지우기 위해 구덩이 속으로 들어간다. 구덩이를 팔 때 보이는 묘비에는 샤를 페로(1628-1703)의 이름이 새겨져 있다. 그는 『신데렐라』, 『잠자는 숲속의 공주』, 『빨간 모자』 등을 쓴 동화 작가이다. 그의 동화 속 여성은 오랫동안 왕자의 구원을 기다리는 수동적인 존재로 자리매김해 왔다. 그러나 오늘날 옛이야기 다시 쓰기의 맥락에서 페로의 여성상은 점차 폐기되거나 변용되어, 주체적이고 자기다움을 찾는 인물로 그려지고 있다. 그의 이야기가 다른 의미로 변화한 것처럼, 줄리 역시 사회적 시선 속에서 '남자 같은 여자아이'인 자신을 받아들이기 시작한다.

줄리는 한 사람이 여자 같을 수도 있고, 남자 같을 수도 있다고 생각한다. 꼭 한 가지 이름표를 붙여야 하는 것은 아니라고 말이다. 마침내 줄리는 '나다울 권리'가 있음을 깨닫는다. 그리고 비로소 자신만의 그림자를 갖는다. 그림책은 '여자다움'이나 '남자다움'이라는 경계를 넘어, 자기다움을 찾아가는 여정을 담고 있다.

2024년 11월 1일부터 독일에서는 '성별 자기 결정법'이 발효되었다. 정식 명칭은 '성별 입력과 관련된 자기 결정권에 대한 법안'으로, 만 14세 이상이라면 누구나 스스로 자신의 성별을 결정할 수 있는 것이다. 여기에는 '성별 없음'도 포함된다. 아직 우리나라에서는 멀게만 느껴지는 이 법안을 이해하기 위해서는 성별 이분법에서 벗어나, 그것이 포함하지 못하는 다양한 성의 구분에 대해 알고 있어야 한다.

세 권의 그림책은 다양성과 포용, 자기 이해의 중요성을 일깨워준다. 자신뿐 아니라 타인을 이해하고 공동체 속에서 건강한 관계를 형성하기 위해서는 자기 자신을 있는 그대로 받아들이는 것이 필수이다. 우리 사회가 점점 더 다양한 정체성을 포용하는 방향으로 나아가기를 기대한다.

함께 읽으면 좋은 그림책

『나의 젠더 정체성은 무엇일까?』

테레사 손 글 · 노아 그리그니 그림 | 보물창고 | 2020

그림책의 면지는 단 하나의 색으로 정의할 수 없는, 다양한 명도와 채도의 파란색들이 수채 물감이 번진 것처럼 자유롭게 표현되어 있다. 마치 성 정체성에도 무수히 많은 스펙트럼이 있다고 말하는 듯하다. 그림책은 과거에 '괴물'이나 '악마'라고 낙인찍혔던 성 소수자들을 들여다보고, 세심하게 나누어 설명한다. 다양한 아이들이 각기 다른 자신의 성 정체성을 밝힌다. 글 작가는 딸이 다섯 살 때 지정 성별과 다르다는 사실을 알게 된 경험을, 그림 작가는 자신이 열네 살 때 트랜스젠더임을 커밍아웃했던 경험을 들려준다. 이들은 편견 없이 자신을 돌아보고 정체성을 발견하는 과정이 무엇보다 중요하다고 말한다.

『케빈은 공주님』 미카엘 에스코피에 글 · 롤랑 가리귀 그림 | 두레아이들 | 2020

핑크색과 하트로 가득한 표지에는 남자아이 케빈이 왕관을 쓰고, 드레스를 입고, 구두를 신은 채 활짝 웃고 있다. 공주가 되고 싶은 케빈은 공주 분장을 하고 학교에 간다. 케빈은 자신의 모습이 너무 자랑스럽지만, 남자아이들은 케빈을 만지면 전염이 될까 아무도 손을 내밀지 않는다. 드레스가 잘 어울린다는 친구 클로에의 말에 케빈은 얼굴이 빨개진다. 하지만 높은 구두와 긴 드레스, 화장한 얼굴이 불편한 케빈은 더 이상 공주를 안 하겠다고 선언한다. 대신 그는 자유로운 인어공주가 되어 바다를 유영한다. 이 그림책은 성 고정관념에 도전할 뿐 아니라, 남들의 시선에 휘둘리지 않고 스스로 선택한 모습으로 살아가는 '나다움'을 지켜야 한다고 말하고 있다.

『원피스를 입은 아이』

크리스틴 발다키노 글 · 이자벨 말랑팡 그림 | 키다리 | 2019

주황색 머리에 주황색 원피스를 입은 아이는 꽃처럼 아름답다. 원피스 아래로는 빨간색 구두가 눈에 띈다. 세상의 모든 날을 좋아하는 모리스는 그중에서도 월요일이 가장 좋다. 왜냐하면, 특별활동실 옷장에서 눈부신 주황색 원피스를 입을 수 있기 때문이다. 하지만 친구들은 우주 놀이에서 '우주 비행사는 원피스를 입지 않아'라고 말하며 모리스를 배제한다. 원피스의 바스락거림과 구두의 또각또각 소리를 좋아하는 모리스는 친구들로부터 놀림을 당하면서도 자신의 취향을 고수하려 한다. 과연 모리스는 어떻게 이 위기를 극복할 수 있을까? 이 그림책은 성 고정관념을 넘어, 자신의 취향과 감정을 스스로 선택하며 '나다움'을 지켜나가는 용기에 대해 말한다.

『사랑에 빠진 토끼』

말런 분도, 질 트위스 글 · EG 켈러 그림 | 비룡소 | 2018

『첫사랑』

브라네 모제티치 글 · 마야 카스텔리츠 그림 | 움직씨 | 2018

『결혼식에 간 훌리안』

제시카 러브 글 · 그림 | 보물창고 | 2021

사랑, 사랑, 사랑

사랑은 누구에게나 주어져야 할 권리이며, 그 형태는 다양하고 자유로워야 한다. 하지만 여전히 우리는 '정상'이라는 틀 속에서 이성 간의 사랑만을 자연스럽다고 여긴다. 동성 간의 사랑이나 성별 경계를 넘나드는 사랑은 이상하거나 불편한 것으로 받아들인다. 이런 편견은 어린이들의 일상에서도 자연스럽게 내면화된다. 아이가 '엄마, 나 저 친구 좋아해'라고 말할 때, 그 친구가 동성이라면 우리는 종종 우정이라고 치부해 버리거나 조심스레 화제를 돌린다. 그러나 이제는 그림책이라는 매체를 통해, 사랑의 다양한 모습을 아이들에게 자연스럽게 전할 수 있다.

『사랑에 빠진 토끼』는 단순한 러브스토리를 넘어, 정치적 맥락과 사회적 메시지를 동시에 담고 있다. 마이크 펜스 전 미국 부통령의 성 소수자 혐오에 맞서, 그의 반려 토끼가 또 다른 수컷 토끼와 사랑에 빠지고, 사회적 제약 속에서도 그 사랑을 지켜내는 과정을 유쾌하게 그려낸다. 말런 분도와 웨슬리는 결혼을 결심하지만, 같은 수컷끼리는 결혼할 수 없다는 두목 벌레 '구린내 킁킁이'의 반대로 위기를 맞는다. 이에 친구들은 용기를 내어 외친다.

"우리는 모두 달라. 그리고 다른 건, 나쁜 게 아니야."
"다르다는 건 특별한 거지."

이들은 성 소수자의 권리를 위해 불합리한 제도를 바꾸려 투표를 한다. 이 그림책은 동성결혼, 자유, 민주주의와 같은 가치를 담고 있다. 여자 토끼를 사랑하든, 남자 토끼를 사랑하든, 샌드위치를 거꾸로 먹든, 책을 거꾸로 읽든 다르다는 것은 나쁜 게 아니라고 말한다. 우리를 가능하게 하는 힘이 바로 '사랑'이라는 메시지를 전한다. 그림책에 등장하는 주인공들은 현실에서 성 소수자들이 겪는 제도적 차별과 싸우며, 차이를 받아들이는 용기의 가치를 강조한다. '다르다는 것은 나쁜 게 아니라 특별한 것'이라는, 이 단순하지만 강력한 메시지는 어린이 독자뿐 아니라 어른들에게도 울림을 준다.

이러한 메시지는 『첫사랑』에서도 이어진다. 유치원생 사이의 '감정'을 다룬다는 점에서 주목할 만한 그림책이다. 사랑이라는 감정이 반드시 성인의 세계에만 국한된 것이 아님을, 그리고 그것이 성별에 따라 구분되어야 할 이유가 없음을 보여준다. 그동안 어린이들 사이의 깊은 감정을 단순히 '우정'으로

만 표현해 왔지만, 이 그림책은 그 감정을 보다 섬세하고 솔직하게 다룬다. 서로에게 사랑을 느끼고 함께 시간을 보내던 아이들은 유치원 선생님의 고함을 듣고, 처음으로 자신의 감정이 사회적 시선에서 어떻게 판단되는지를 깨닫는다. 그 순간, 아이는 친구를 향한 감정에 대해 죄책감과 혼란을 느끼게 된다.

"뭔가가 잘못됐다는 걸 알 수 있었지."
"실수를 저지른 게 나였던 걸까."

그림책에 나오는 문장들은, 아이가 사랑이라는 감정 자체보다 사회의 반응에 상처받고 움츠러드는 모습을 고스란히 담아낸다. 성 소수자들은 어린 시절, 사랑이 무엇인지조차 잘 모를 때부터 세상이 자신에게 뭔가 잘못됐다고 말하는 것 같은 감각을 경험하고는 한다. 그런 처음의 혼란과 두려움, 그리고 사랑을 느꼈다는 이유만으로 위축되는 마음을 섬세하게 포착하고 있다.

사랑과 우정 사이에서 느끼는 혼란은 어른들보다 오히려 아이들에게 더 복잡하고 조심스럽게 다가온다. 그 감정이 '금기'가 되는 순간, 아이는 자신이 잘못된 존재인 것처럼 느끼고, 마음을 닫거나 스스로를 부정하기도 한다. 이 그림책은 그런 상처의 순간을 애써 감추지 않는다. 대신 사랑이 잘못된 것이 아니라, 사랑을 가두는 사회의 시선이 문제라고 말한다.

『첫사랑』은 아이들이 자신의 감정을 부끄러워하거나 숨기지 않도록, 감정 그 자체가 존중받을 수 있는 환경의 중요성을 보여준다. 그리고 우리 어른들은 아이가 누군가를 좋아한다는 이유만으로 상처받지 않도록 지켜주는 역할을 해야 한다는 점을 일깨운다.

이상적인 사회는 『결혼식에 간 훌리안』에서 아름답게 구현된다. 전작 『인어를 믿나요?』에서 인어가 되고 싶었던 훌리안은 이번에는 할머니와 함께 한 결혼식에 참석한다. 이 결혼식에는 신랑이 없고 신부들만이 존재한다.

"결혼식은 사랑을 위한 파티야."

훌리안의 엄마와 마리솔의 엄마, 두 신부는 서로에게 입을 맞춘다. 그 순간, 결혼식은 단순한 의식이 아니라 사랑을 축복하는 특별한 자리로 빛난다. 두 여성의 결혼식이라는 배경 안에서 인종, 가족 구성, 성별 구분은 아무런 의미가 없다. 그저 모든 순간이 평화롭고 자연스럽다. 훌리안과 마리솔이 결혼식 도중 서로의 옷을 바꿔 입고 자유롭게 뛰노는 장면은, 사회가 정해놓은 젠더 규범의 틀에서 벗어난 진정한 해방의 모습을 보여준다. 이 그림책은 '사랑은 사랑이다'라는 단순한 진리를 부드럽고 시적인 방식으로 전하며, 사랑을 향한 사회적 인정과 축복이 얼마나 중요한지를 깨닫게 한다.

세 그림책은 각기 다른 방식으로 동성애를 다루고 있지만, 공통적으로 강조하는 메시지는 명확하다. 사랑은 성별, 나이, 인종, 사회적 기준에 따라 구분될 대상이 아니라는 것이다. 동시에 어린이 문학이라는 장르가 얼마나 강력한 사회적 발언의 장이 될 수 있는지를 보여준다. 단순한 이야기를 넘어, 이 그림책들은 우리가 다음 세대에게 어떤 가치를 전할 것인가에 대한 중요한 질문을 던진다.

오늘날 많은 나라에서 동성 결혼이 합법화되고 있지만, 여전히 수많은 사람들은 사랑을 한다는 이유로 차별받고 있다. 특히 어린이들은 다양한 사랑의 모습을 사회적으로 승인된 형태로만 접하게 되는 경우가 많다. 그림책은 그 좁은 시야를 확장시키는 출발점이 될 수 있다.

성 소수자의 이야기를 자연스럽게 담아내는 그림책은 '정상'이라는 고정된 개념을 뒤흔들며, 모든 존재가 존중받을 자격이 있다는 중요한 가치를 전한다. 사랑이라는 감정을 억압하거나 숨기지 않고, 있는 그대로 받아들일 수 있는 세상이 되어야 한다. 그러한 사회를 상상하고, 만들어 갈 책임은 우리 어른들에게 있다.

함께 읽으면 좋은 그림책

『사랑해 너무나 너무나』

저스틴 리처드슨, 피터 파넬 글 · 헨리 콜 그림 | 담푸스 | 2012

뉴욕 센트럴파크 동물원에 실제로 살았던 두 수컷 펭귄, 로이와 실로의 이야기를 담고 있다. 보통 펭귄들은 암컷과 수컷이 짝을 이루지만, 이 둘은 서로를 선택해 둥지를 틀고 가족이 되기를 바란다. 사육사는 어미가 없는 알을 두 펭귄에게 맡긴다. 그들은 함께 알을 품고 새끼를 키우며 가족을 이룬다. 이 이야기는 가족의 형태가 혈연이나 전통에만 국한되지 않음을 보여준다. 1인 가족, 한부모 가족, 입양 가족, 동성 가족 등 다양한 가족이 공존하는 오늘날, 사랑과 돌봄이 가족을 정의한다는 따뜻한 메시지를 전한다. 가족은 사랑으로 만들어지는 것이다.

『스텔라네 가족』

미리엄 비.쉬퍼 글 · 홀리 클리프턴 브라운 그림 | 불의여우 | 2018

엄마 없이 아빠 두 명과 사는 소녀 스텔라의 이야기이다. 학교에서 열리는 어머니날 파티 소식에 스텔라는 누구를 초대해야 할지 고민하지만, 결국 자신을 사랑하는 가족 모두를 초대하기로 결심한다. 가족의 구성보다 중요한 것은 '사랑'이라는 메시지를 담고 있다. 파티에 함께한 두 아빠와 스텔라의 행복한 모습은 다양한 가족 형태를 자연스럽게 보여준다. 마지막 장면에서는 엄마가 둘인 또 다른 아이가 아버지날을 고민하며, 독자에게 가족의 의미를 다시 묻는다. 이 그림책은 동성 가족을 통해 우리가 흔히 볼 수 있는 가족의 틀을 넘어서는 시각을 제시한다.

『누가 진짜 엄마야?』 버나뎃 그린 글 · 애나 조벨 그림 | 원더박스 | 2021

두 명의 엄마와 함께 사는 엘비가 친구의 질문에 답해 가는 과정을 담은 그림책이다. 처음에 엘비는 엉뚱한 말로 대답하다가, 점차 '진짜 엄마'란 무서울 때 안아주고, 재워주고, 뽀뽀해 주는 사람이라고 말한다. 엘비에게는 두 엄마 모두가 진짜 엄마이다. 이 그림책은 돌봄과 사랑의 의미를 통해 가족의 본질이 무엇인지 질문을 던진다. 서로 다른 인종으로 묘사된 두 엄마와 엘비의 모습은 다양한 가족의 가능성을 보여준다. 노란빛으로 가득한 따뜻한 그림에서, 가족은 마음으로 이루어진다는 메시지가 전해진다.

°8

장애,

틀린 게
아니라
다른 거야

어른이 되어 새삼 깨닫게 된 사실이 있다. 바로 우리는 모두 다르다는 것이다. 사이다 작가의 『고구마구마』는 다름을 상징적으로 보여준다. 고구마 줄기를 잡아당기자 다양한 모양의 고구마들이 줄줄이 딸려 올라온다. 한 뿌리에서 나왔지만, 모양이 모두 다르다. 아주 크거나 작은 것도 있고, 길쭉하거나 둥근 것도 있다. 구부러지거나 혹이 난 것까지 제각각이다. 그러나 다름에도 불구하고, 모두 속이 빛나는 고구마이다. 하지만 우리는 이런 다름을 인정하기보다 '정상'과 '평균'이라는 기준에 스스로를 끼워 맞추려 한다. 그리고 그 기준에서 벗어난 존재를 불편하게 여기거나 때로는 배제하려고 한다.

그중에서도 가장 강력하게 존재의 다름이 낙인처럼 작용하는 경우가 바로 '장애'를 대하는 시선이다. 성별, 인종, 성적 지향 등 많은 부분에서 여전히 편견과 차별의 벽이 존재하지만, 특히 장애로 인한 벽은 유독 높다. 장애인은 '결핍이 있거나 불쌍한 존재'로 여겨지기 쉽고, 때로는 존재 자체가 사회적으로 지워지기까지 한다. 그래서 그림책을 통해 장애를 바라보는 시선을 재정립하는 일은 매우 중요하다.

장애를 다루는 그림책은 단순히 동정심을 자아내기 위한 것이 아니라, 장애를 '있는 그대로의 다름'으로 받아들이고자 하는 첫걸음이 되어야 한다. 예를 들어, 외모가 다르다는 이유로 배제당하는 주인공의 이야기는, 우리 아이들이 자연스럽게 포용과 수용의 태도를 배울 수 있도록 도와준다. 이는 단지 장애뿐 아니라 사회 전반의 다양한 '다름'에 대한 이해로도 확장된다.

오늘날 우리 사회에는 다양한 혐오와 차별의 언어가 무분별하게 퍼지고 있다. 온라인 공간에서는 '~충'과 같은 혐오 표현이 아무렇지 않게 쓰이고, 장애인을 향한 조롱이나 냉소가 댓글 창에 버젓이 보인다. 그러나 이러한 혐오는 사실 자신이 사회적 기준에서 벗어날지도 모른다는 두려움의 또 다른 표현이다. 내가 '정상'임을 끊임없이 증명해야 하는 사회는 결국 우리 모두를 병들게 만든다.

"친절하라. 당신이 만나는 모든 사람은 힘든 싸움을 하고 있다.
Be kind, for everyone you meet is fighting a hard battle."

고대 그리스의 유명한 격언처럼, 장애인도, 비장애인도, 모두 각자의 자리에서 나름의 힘듦을 견디며 살아간다. 그림책은 타인의 다름을 감각적으로 이해하게 해주는 창이다. 특히 장애를 다룬 그림책들은 아이들이 어릴 때부터 '다르다는 것은 틀린 것이 아니다'라는 시선을 내면화할 수 있도록 돕는다.

이 장에서는 다양한 다름을 이야기하는 그림책들을 소개한다. 장애를 신체적 장애와 정신적 장애로 나누어, 당사자와 가족들의 목소리를 담았다. 또한 장애가 있는 동물들을 주인공으로 한 그림책을 엮어보았다. 이들의 삶은 인간 사회의 또 다른 모습을 비추는 거울과도 같다.

장애인은 그저 신체적 · 인지적 차이로 인해 조금 다른 방식으로 세상을 살아가는 것뿐이다. '틀린 것'이 아니라, '또 다른 방식'으로 존재하는 것. 그림책을 통해 장애를 바라보는 시선을 바꾸는 것은 단지 장애인에 대한 이해를 넘어, 우리 사회의 건강함을 가늠하는 척도가 된다. 포용과 다양성의 문화를 만들기 위한 첫걸음은 바로 책장을 넘기는 순간에서 시작된다.

『깃털 없는 기러기 보르카』
존 버닝햄 글 · 그림 | 비룡소 | 1996

『빼떼기』
권정생 글 · 김환영 그림 | 창비 | 2017

『내 귀는 짝짝이』
히도 반 헤네흐텐 글 · 그림 | 웅진주니어 | 1999

나만의 방식으로 세상을 살아간다

여기 세 마리의 동물이 있다. 기러기 보르카, 닭 빼떼기, 토끼 리키이다. 서로 다른 동물이지만, 이들의 공통점이 있다면 모두 장애를 지니고 있다는 것이다. 원제가 주인공의 이름이라는 점도 같다. 국내에는 '깃털 없는 기러기 보르카'와 '내 귀는 짝짝이'라는 제목으로 출간되었다.

면지에서도 공통점이 보인다. 『깃털 없는 기러기 보르카』의 면지에는 다양한 기러기들이 등장한다. 보르카의 형제들인데, 보르카를 제외하고는 모두 깃털을 가지고 있다. 하지만 그 깃털은 곱슬곱슬한 깃털, 덥수룩한 깃털, 하얀 깃털, 회색 깃털, 노란 깃털 등 서로 다르다. 공통점은 모두 기러기라는 사실뿐이다. 『빼떼기』의 면지에는 병아리들이 그려져 있다. 형태만 그려져 있기에 생김새는 알 수 없지만 중간중간 흐른 물감 자국이 눈물을 나타내는 듯하다. 빼떼기의 운명을 보여주는 것 같아 애처롭다. 『내 귀는 짝짝이』 면지에는 당근이 가득하다. 같은 당근이지만 모양은 다 다르다. 어떤 당근은 통통하고 어떤 당근은 홀쭉하다. 긴 당근도 있고 짧은 당근도 있다. 어떤 당근은 끝이 구부러지기거나 갈라져 있다. 모양은 제각각이지만, 분명한 것은 모두 당근이라는 사실이다.

보르카와 빼떼기는 새인데도 깃털이 없다. 차이가 있다면 보르카는 태어날 때부터 털이 없었고, 빼떼기는 사고로 깃털을 잃게 되었다는 것이다. 각각 선천적인 장애와 후천적인 장애라는 점이 다르다. 보르카는 다른 형제들과 달리 깃털이 없이 태어났다. 보르카의 엄마인 플럼스터 부인은 보르카를 위해 깃털처럼 보이는 포근한 회색 털옷을 짜주었다. 하지만 진짜 깃털과는 달라서 다른 기러기들은 보르카를 못살게 굴었다. 결국, 보르카는 날기와 헤엄치기를 배우지 못했다. 가족들은 날이 추워지자 모두 따뜻한 곳으로 날아갔다. 보르카는 날 수가 없어서 가지 못했고 아무도 보르카가 빠진 줄 알지 못했다.

하염없이 걷던 보르카는 우연히 매칼리스터 선장의 배에 타게 된다. 선장은 뱃삯만큼의 일을 하기를 요구했고, 보르카는 할 수 있는 대로 일을 거들었다. 당당히 그곳의 일원이 된 보르카는 배를 타고 런던에 있는 큐가든에 내리게 된다. 큐가든에는 온갖 이상야릇한 새들이 모여 있었고, 아무도 보르카를 보고 웃어대지 않았다. 보르카는 그곳에서 행복하게 살게 된다. 존 버닝햄의 첫 번째 그림책인 『깃털 없는 기러기 보르카』는 장애가 있는 이들이 행복하게 사는 세상을 큐가든의 보르카를 통해 보여준다.

빼떼기는 순진이 아버지가 건넌방 아궁이에 군불을 지펴 놓고 자리를 뜬 사이에 아궁이 속으로 뛰어 들어갔다가 솜털이 모두 타버리고 말았다. 성냥개비 같은 두 발이 불에 데어 껍질이 부풀어 오르는 상처를 입었다. 순진이 가족의 간호로 목숨은 건졌지만, 부리가 뭉뚝하게 문드러지고 발가락도 보기 흉하게 한 마디씩 다 떨어져 나갔다. 게다가 종아리가 오그라들어 제대로 서지 못하게 되었다. 솜털이 다 타버린 알몸뚱이에 딱지가 붙어서 조그만 괴물 같은 모습이 된 빼떼기는 어미 닭에게도 외면당한다.

사고 후 한 달이 지나자, 불에 덴 병아리는 빼딱빼딱 걷기 시작했고 이때부터 '빼떼기'가 되었다. 순진이 어머니는 보르카의 엄마가 그랬던 것처럼 조그만 헝겊으로 옷을 만들어 준다. 순진이네 가족뿐 아니라 골목길 이웃 사람들도 빼떼기를 유달리 귀여워했다. 빼떼기를 절대 잡아먹거나 팔아서는 안 되고, 언제까지라도 제명대로 살다가 죽을 수 있도록 길러야 한다고 입 모아 말했다.

빼떼기는 느리게 자랐다. 순진이 가족은 빼떼기가 다른 수탉처럼 크게 홰를 치며 울기를 누구보다 많이 기다렸다. 그런데 그때, 빼떼기에게 또 한 번의 수난이 찾아온다. 건넛집 개한테 물려 한쪽 날개를 크게 다치게 된 것이다. 결국, 빼떼기의 날개는 짝짝이가 되어 영원히 두 날개로 홰를 치며 울 수 없었다.

겨울이 지나고 태어난 지 한 돌이 되었을 때, 빼떼기는 두 날개를 엉거주춤 치켜들고 목을 늘이면서 '꼬르륵'하고 울었다. 서툴지만 수탉으로서 제구실을 하게 되었다. 대견하고 기특한 순간이다.

한 손에는 당근을 들고, 한 손으로는 귀를 잡은 토끼가 있다. 리키는 오른쪽 귀가 축 늘어져서 친구들에게 언제나 놀림을 받는다. 쫑긋 선 귀가 너무도 부러웠던 리키는 나무에 거꾸로 매달려 보기도 하고, 할머니가 만든 주전자 덮개를 머리에 푹 덮어 감추기도 해본다. 당근으로 귀를 세우거나 나뭇가지를 귀에다 대기도 한다. 다양한 방법을 써보았지만, 오른쪽 귀는 쫑긋 서지 않는다. 리키는 고민 끝에 의사 선생님을 찾아간다. 의사 선생님은 귀를 샅샅이 살펴보고는 조금 힘이 없긴 하지만 소리를 듣는 데는 아무 이상이 없이 멀쩡하다고 말한다. 그리고 원래 귀들은 모두 다르다는 사실도 알려준다.

리키의 좌절과 시도, 그리고 마지막에 얻은 깨달음은 독자들에게 '다름'에 대한 긍정적인 시선을 심어준다. 면지에서 보았던 다양한 당근들의 모습처럼 귀의 모습도 제각각이다. 모든 귀가 같지 않듯, 우리 모두가 다르다는 사실을 자연스럽게 받아들일 수 있도록 한다. 자기 자신의 고유함을 인식하고 타인의 모습 역시 있는 그대로 존중할 수 있는 시선을 길러주는 그림책이다.

보르카와 빼떼기, 그리고 리키는 남들과 다르다는 이유로 외롭고 힘든 시간을 보낸다. 하지만 자신에 대한 긍정을 잃지 않고 한계 속에서도 제 역할을 해나가며 살아간다. 독자는 이들을 보며 현재 내가 가진 것에 만족하고, 내가 할 수 있는 일을 찾아 살아가는 긍정적인 삶의 태도를 배우게 된다.

함께 읽으면 좋은 그림책

『완두』 다비드 칼리 글 · 세바스티앙 무랭 그림 | 진선아이 | 2018

완두의 성장 이야기를 담은 작은 판형의 그림책이다. 태어날 때부터 몸집이 완두콩만큼 작았던 완두는 부모의 사랑 속에서 행복하게 자란다. 그러나 학교에 가면서 자신이 다른 아이들보다 너무 작다는 걸 깨닫는다. 책상과 의자, 리코더, 접시 등 모든 것이 그에게는 너무 컸고, 친구들과도 쉽게 어울리지 못한다. 교장 선생님은 완두를 안타까워하며 그의 미래를 걱정하지만, 완두는 자신이 좋아하는 일을 찾아 몰두하며 성장한다. 결국 그는 스스로의 길을 개척해 행복한 어른이 된다. 완두를 통해 타인과의 다름을 인정하고, 자신만의 행복을 찾아가는 용기와 희망을 배울 수 있다.

『아나톨의 작은 냄비』 이자벨 카리에 글 · 그림 | 씨드북 | 2014

초록, 검정, 빨강의 단순한 색과 부드러운 선으로 그려진 그림책으로, 독특한 외모의 귀여운 캐릭터들이 등장한다. 주인공 아나톨은 어느 날 갑자기 머리 위로 작은 냄비가 떨어진 이후, 평범한 아이로 살아갈 수 없게 된다. 사람들은 아나톨이 아니라 냄비만을 바라본다. 작가 이자벨 카리에는 다운증후군이 있는 딸을 두었다. 그래서인지 아나톨이 끌고 다니는 냄비는 장애를 상징하는 것으로 해석된다. 아나톨은 냄비 속으로 숨고 싶어 하지만, 결국 냄비를 가지고도 행복하게 살아가는 방법을 찾아간다. 자신의 모습을 받아들이고 사회 속에서 조화롭게 살아가는 아나톨의 모습은 많은 이들에게 따뜻한 응원을 전한다.

『조금 다른 꽃눈이』 윤봉선 글 · 그림 | 책읽는곰 | 2016

'조금 다른' 개구리 꽃눈이의 이야기이다. 어느 날, 누군가 던진 돌에 맞아 병원에 실려 간 꽃눈이는 두 다리와 오른팔, 왼쪽 눈을 잃게 된다. 다행히 수달 의사의 획기적인 치료 덕분에 살아남지만, 볼펜 용수철로 만든 다리, 노란 고무줄로 대체한 팔, 핸드폰 렌즈로 보는 눈을 가진 '인조 개구리'가 된다. 새롭게 변한 몸을 제대로 다루지 못해 친구들을 다치게 하고, 외모가 다르다는 이유로 외면받는다. 그러나 꽃눈이는 포기하지 않는다. 오히려 자신의 새로운 몸을 활용해 친구들을 돕기 시작한다. 사이보그처럼 강한 힘을 발휘할 수 있는 꽃눈이의 팔과 다리는 이제 그만의 특별한 능력이 된다. 다름을 인정하고 서로를 이해하는 법을 보여주는 그림책은 모습이 다르더라도 진심은 전해진다는 메시지를 담고 있다.

『진짜 투명인간』

레미 쿠르종 글 · 그림 | 씨드북 | 2015

『바람은 보이지 않아』

안 에르보 글 · 그림 | 한울림어린이 | 2015

『물이 되는 꿈』

루시드 폴 글 · 이수지 그림 | 청어람아이 | 2020

마음으로 느낄 수 있어!

한때는 투명인간이 되고 싶었다. 투명인간이 되면 무엇을 하고 싶은지 상상의 나래를 펼치기도 했다. 은행에서 돈을 훔쳐 부자가 된다든지, 싫어하는 사람을 골탕 먹인다든지, 마트에 가서 맛있는 과자를 몽땅 가져오는 엉뚱한 종류의 상상이었다. 『진짜 투명인간』에서도 투명인간이 되고 싶은 에밀이 등장한다. 에밀이 투명인간이 되고 싶은 이유는 피아노 연습을 하고 싶지 않아서이다. 에밀은 시각장애인 피아노 조율사 블링크를 만난다. 앞이 보이지 않는 블링크에게 에밀은 진짜 투명인간이다. 하지만 아저씨는 에밀을 보지 않고도 느낄 수 있었다.

아저씨는 자신이 태어날 때부터 앞을 보지 못했지만, 대신 어릴 적부터 촉각 · 후각 · 미각 · 청각 같은 다른 감각들이 매우 발달했다고 말했다. 그리고 에밀이 현관문을 열 때 느껴진 집 냄새, 바지가 구겨지는 소리, 그 밖에 설명하기 애매한 여러 감각을 통해 에밀임을 알아차렸다고 설명했다.

에밀은 '무릎처럼 본다'는 아저씨의 말에 마음이 막막해진다. 자신이 보고 있는 세상의 색깔들이 너무 아름다웠기 때문이다. 에밀은 블링크 아저씨에게 자신의 방식대로 색을 표현한다. 블링크 아저씨는 그에 대해 연주로 화답한다.

에밀은 자신이 아저씨에게 색깔을 알려 주려고 애쓴 것처럼, 아저씨도 자신에게 색깔을 연주해 주려고 노력했다고 느낀다. 서로에게 자신이 느끼는 대로 색을 설명하는 방법이 인상적이다. 에밀과 아저씨는 단순한 '이해'를 넘어, '존중'이라는 이름의 공존을 실천하고 있다. 장애는 단지 신체적 불편함이 아니라, 사회적 장벽에 의해 더욱 두드러지는 차별의 이름이기도 하다. 우리는 종종 장애인을 불쌍한 존재, 도움을 받아야만 하는 존재로 바라보고는 한다. 그러나 그림책은 그런 시선을 거두고, 장애와 비장애의 경계를 허물며, '다름'을 있는 그대로 받아들이는 법을 가르쳐준다. 중요한 것은 똑같이 보이느냐가 아니라, 얼마나 서로를 느끼고 소통하느냐이다.

그림책의 구성 하나하나가 서사를 담고 있는 안 에르보의 『바람은 보이지 않아』는 페이퍼북 형태로 되어 있다. 주로 하드커버인 다른 그림책과 달리, 표지를 포함해 안의 내용까지 두꺼운 종이로 구성되어 있는데 마지막에 가면 그 이유를 알 수 있다.

바람을 보고 싶은 한 소년이 있다. 하지만 바람은 장애인에게도 비장애인에게도 보이지 않는다. 눈을 감은 소년은 바람의 색을 찾으러 떠난다. 투명인간처럼 아이의 모습은 거의 보이지 않고 아이가 신은 신발만 간간이 나타난다. 이 그림책에서 심혈을 기울인 것은 보이는 것이 아니라 만져지는 손의 감촉이다.

표지에는 '바람'을 뜻하는 프랑스어 점자가 표기되어 있고, 장마다 느낄 수 있는 것들이 다양하게 표현되어 있다. 보이는 그림은 단순하지만, 눈을 감고 손의 감촉과 마음으로 느껴야 할 것들이 많다. 바람의 색을 찾아다니던 소년은 드디어 진짜 바람의 색을 만난다. 어딘가에서 불어오는 바람을 소년과 독자가 함께 느끼게 된다. 오감 중에서 자극에 대한 반응이 가장 민감하고 빠른 것은 시각이지만, 자연은 온몸으로 감각할 수 있다. 시각장애인과 비시각장애인 모두의 마음을 울리는 그림책이다.

걸을 수 없는 아이가 가장 자유로울 수 있는 곳은 물속이다. 이수지 작가의 『물이 되는 꿈』은 신체적 제약을 넘어서고 싶은 아이의 내면과 상상을 섬세하고 깊이 있게 그려낸 그림책이다. 큐알 코드를 찍으면 루시드 폴의 노래 〈물이 되는 꿈〉이 흘러나온다. 노랫소리와 함께 한 장 한 장 책을 넘겨볼 수 있다.

첫 장면에서는 휠체어를 탄 아이가 등장한다. 물안경과 구명조끼를 착용하고 물가에 앉은 이 아이는 노래 가사에 따라 꽃이 되고, 씨가 되고, 풀이 되고, 바람이 되었다가 결국에는 물이 되는 꿈을 꾼다. 현실 속에서는 걷지 못하는 아이지만, 상상의 세계 속에서 아이는 물이 되어 누구보다 가볍고 자유롭게 움직인다. 깊고 넓은 푸른 물속에서 헤엄치고, 솟구쳐 오르고, 하늘로 날아올랐다가, 다시 비가 되어 내려오는 유영의 감각은 곧 해방의 은유이다.

작가는 '물'의 유연하고 경계가 없는 성질에 주목한다. 물은 어느 틀에도 갇히지 않고, 그릇이 바뀌면 형태도 바뀐다. 스며들고, 흐르며, 자유롭게 변모한다. 이는 장애라는 고정된 시선에서 벗어나 아이를 있는 그대로 받아들이는 상징으로 작용한다. 그림 역시 수채화의 번짐과 흐름을 적극 활용해, 몸을 벗어난 감각과 자유로움을 시각적으로 표현한다.

특히 이 그림책은 신체적 조건에 관계없이 '존재하는 방식'의 다양성을 인정하고 존중하는 태도를 보여준다. 물처럼 끊임없이 변하고 흐르며 자신의 속도로 세상과 연결되는 아이의 꿈은, 비장애인 독자에게도 깊은 울림을 남긴다.

세 권의 그림책은 서로 다른 방식으로 '장애'를 다루지만, 공통적으로 우리에게 다음과 같은 질문을 던진다. '우리는 정말로 다른 존재를 있는 그대로 받아들이고 있는가?' 『진짜 투명인간』의 에밀과 블링크는 서로의 감각을 존중하며 공존을 배운다. 『바람은 보이지 않아』는 감각의 다양성과 세상을 느끼는 방식의 차이를 존중하게 한다. 『물이 되는 꿈』은 장애를 가진 아이가 자신만의 세계에서 얼마나 아름답고 역동적으로 살아갈 수 있는지를 보여준다.

장애를 직접 체험해 보는 활동도 의미 있지만, 그들의 삶과 감정, 세계를 깊이 있게 담아낸 그림책을 통해 마음으로 이해하는 일도 그만큼 중요하다. 이 그림책들은 우리에게 장애는 '틀림'이 아니라 '다름'이며, 그 다름이야말로 우리가 함께 살아가는 세상을 더욱 풍요롭고 아름답게 만든다는 것을 일깨워 준다. 결국 진정한 포용은 시선을 넘어 감각으로, 이해를 넘어 공감으로 나아갈 때 완성된다.

함께 읽으면 좋은 그림책

『위를 봐요!』 정진호 글 · 그림 | 현암사 | 2014

앞만 보고 살아가는 우리에게 표지 속 소년은 '위를 봐요!'라고 외친다. 사고로 장애를 갖게 된 수지에게 세상 밖 풍경은 그저 베란다에서 내려다보는 모습뿐이다. 개미처럼 작아 보이는 사람들에게 수지는 속으로 간절히 외친다. 하지만 누구도 그 소리를 듣지 못한다. 그러던 어느 날, 한 소년이 그 외침에 응답한다. 수지가 잘 볼 수 있도록 도로에 누워 자기 모습을 온전히 보여준다. 그의 행동은 점차 거리의 사람들을 움직이고, 모두가 수지를 위해 몸을 낮춘다. 황량했던 앞 면지 속 나무는 책의 끝에서 분홍빛 꽃으로 가득 채워진다. 용기를 내어 세상 밖으로 나온 수지의 마음에도 따뜻한 봄이 찾아왔음을 의미한다.

『수화로 시끌벅적 유쾌하게』
라사 잔쵸스카이테 글 · 그림 | 한울림스페셜 | 2019

제목처럼 활기차고 유쾌한 그림책이다. 다양한 색감과 자유분방한 그림은 몸짓 언어인 '수어'를 새로운 시각으로 바라보게 한다. 작가는 청각장애인 청소년 단체 회원들을 인터뷰하며 현실적인 이야기를 담아냈다. 그림책에는 다섯 명의 청각장애 청소년과 청각장애인을 가족으로 둔 아이들의 생생한 경험담이 담겨 있다. 이들은 듣지 못하는 것이 결코 문제가 되지 않으며, 오히려 자신들만의 독특한 언어인 '수어'가 역동적이고 풍부한 표현력을 지닌 언어라고 말한다. 크레파스로 자유롭게 그려진 그림과 감각적인 색채는 수어의 활기찬 특성을 더욱 돋보이게 한다.

『눈을 감아야 보이는 세상』 로저 올모스 글 · 그림 | 한울림스페셜 | 2018

그림책은 시각장애인 루치아가 세상을 바라보는 방식을 그림으로 선명하게 보여준다. 우리는 흔히 시각장애인의 세상이 어둡고 막막할 것이라 짐작한다. 루치아의 아침 풍경 역시 흑연으로 그려진 단순한 그림처럼 보인다. 그러나 버스를 타고 세상 밖으로 나서는 순간, 그의 세상은 달라진다. 그림책의 세상은 다채로운 색채로 변화하며, 루치아가 감각으로 느끼는 세상이 환상적으로 펼쳐진다. 이는 우리가 세상을 바라보는 방식이 저마다 다름을 보여준다. 그리고 시각장애인 또한 자신만의 감각으로 풍요로운 세상을 경험하고 있음을 따뜻하게 전한다.

『나는 강물처럼 말해요』

조던 스콧 글 · 시드니 스미스 그림 | 책읽는곰 | 2021

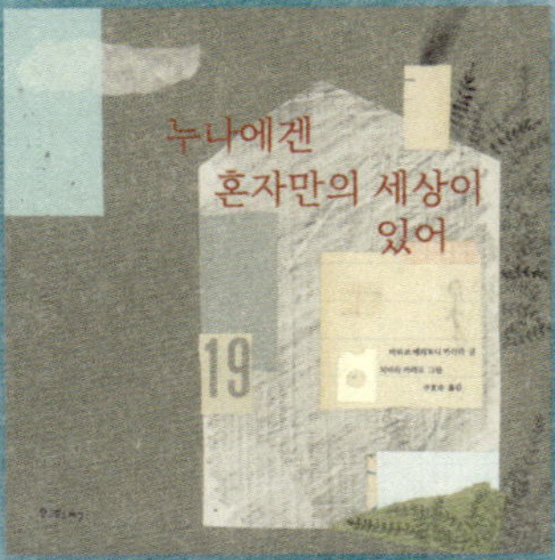

『누나에겐 혼자만의 세상이 있어』

마르코 베레토니 카라라 글 · 치아라 카레르 그림 | 한울림스페셜 | 2017

『말코, 네 이름』

구스티 글 · 그림 | 문학동네 | 2018

다름을 껴안는 마음

캐나다의 시인 조던 스콧은 자전적 경험을 『나는 강물처럼 말해요』에 담아냈다. 어린 시절, 말을 더듬는 작가에게 학교에서 발표하는 시간은 고통과 수치심으로 가득한 순간이었다. 또래 친구들의 웃음소리와 교사의 시선 속에서, 말문이 막혀버린 채 교실에 가득한 침묵을 견뎌야 했던 시간은 어린 조던에게 깊은 상처로 남았을 것이다. 그럴 때마다 아버지는 그를 강가로 데려갔다. 물결이 부서지고, 물거품이 피어오르고, 돌에 부딪쳐 소용돌이치는 강물의 모습을 바라보게 했다. 그리고 이렇게 말해주었다.

"강물이 어떻게 흘러가는지 보이지? 너도 저 강물처럼 말한단다."

이 말은 작가에게 단순한 위로가 아니라, 자신을 바라보는 관점을 바꾸는 전환점이 되었다. 우리는 종종 '유창한 말하기'가 곧 능력이고 자신감의 상징이라고 여긴다. 하지만 이 그림책은 말이 꼭 곧고 막힘없이 흘러야만 아름답고 의미 있는 것이 아니라는 사실을 깨닫게 한다. 강물도 물살이 빠를 때가 있고, 돌에 부딪쳐 되돌아가기도 하며, 잠깐 멈춰 흐름을 숨기기도 한다. 그렇지만 결국은 제 속도로, 자신만의 방식으로 흘러 바다에 닿는다.

조던 스콧의 시처럼 간결하고 서정적인 문장은, 유창함의 기준에 얽매이지 않고 자신만의 리듬과 호흡을 찾아가는 언어의 여정을 보여준다. 아이의 내면에서 일어나는 감정의 물결이 강물이라는 자연의 이미지와 겹쳐지며, 말이라는 것의 본질, 그리고 자기표현의 다양성에 대해 다시 생각하게 만든다.

그림책은 강물의 이미지를 통해 말의 흐름을 새롭게 인식할 수 있도록 돕고, 언어장애를 겪는 아이들뿐 아니라 말이 익숙하지 않은 모든 아이에게 공감과 위로를 건넨다. 동시에 아이들의 언어적 표현을 '정상'과 '비정상'으로 나누는 사회의 시선에 문제를 제기하며, 다름을 있는 그대로 받아들이는 감수성을 키워준다.

그림을 맡은 시드니 스미스는 특유의 서정적인 화풍으로 아이의 고립된 감정과 자연의 해방감을 대비시키며, 깊은 울림을 만들어낸다. 아이의 내면을 따뜻하게 감싸안으며, 말보다 더 강한 이미지의 언어로 이야기한다. 특히 유화로 그려진 숲과 강, 그리고 강물 위에 비치는 아이의 모습은 마치 자연이 아이의 마음을 품고 있는 듯한 인상을 준다.

『나는 강물처럼 말해요』는 한 소년의 내면 성장기이자, 우리 모두가 자신만의 언어로 살아갈 수 있다는 희망의 메시지를 담은 그림책이다. 흐름이 다르다고 해서 잘못된 것이 아니며, 다른 리듬의 말하기도 존중받아야 한다는 것을 조용하지만 강하게 전한다.

『누나에겐 혼자만의 세상이 있어』는 장애 공감 그림책으로, 자폐아인 누나를 바라보는 동생의 시선에서 전개된다. 콜라주 기법과 연필 선으로 그려진 그림책은 마치 어린아이인 동생의 기록처럼 보인다. 동생의 눈을 통해 사라와 같은 자폐증을 가진 사람들의 세계를 알 수 있고, 그 가족의 마음도 읽을 수 있다.

누나의 세상은 현실의 세상과 자기만의 세상이 있다. 자기만의 생각에 빠지면 몇 시간이나 꼼짝하지 않고 앉아 있기도 하고, 느닷없이 소리를 지르거나 자기 몸에 상처를 내기도 한다. 누나의 생각 속에서 만들어지는 여러 층위의 세상은 벽지를 통해 구분된다. 꽃이 그려진 벽지는 누나만의 세상, 아무것도 없는 벽지는 현실의 세상, 그리고 이 두 가지가 공존하는 세상이 있다. 자기만의 세상에 빠진 누나는 수수께끼나 퍼즐, 미로처럼 이해하기 어렵지만, 현실의 누나는 동생을 무척이나 예뻐한다. 동생은 모든 사람이 다른 것처럼 누나도 단지 다를 뿐이라고 말한다.

누나는 마법처럼 분리되어 자기만의 세상에 있다가 다시 현실 세상으로 돌아오는 것을 반복한다. 다양한 감성을 지니고, 예측할 수 없는 행동을 하는 누나는 우리 옆에 있기도 하고 없기도 하는 존재다. 이 그림책은 그런 자폐아를 우리의 일상적인 삶에서 소외된 아이라고 단정하는 것이 아니라, 그들의 내면을 가까이 들여다보고 그 아이가 느끼는 감정을 보여줌으로써 자폐아와 소통할 수 있기를 희망한다.

사랑하는 내 아이가 장애인으로 태어난다면 어떤 기분일까? 『말코, 네 이름』은 다운증후군으로 태어난 둘째 아이 말코를 보며 작가 구스티가 쓴 성장 일기이다. 정확하게 말하면 아이의 성장 일기가 아니라 아빠의 성장 일기이다. 이 그림책은 아빠와 엄마 그리고 말코의 형이 말코를 바라보는 시선의 차이를 보여준다.

아빠인 작가는 아이가 다운증후군이라는 사실을 알았을 때, 마치 망친 그림과 같은 느낌이라고 말한다. 그림과 다른 점은 아이는 되돌릴 수 없다는 것이다. 아빠는 받아들이지 못했지만, 엄마는 말코를 받아들이는 데 전혀 문제가 없었다. 엄마는 임신 중에도 양수 검사를 하지 않았다. 말코는 허약한 아이이고 그래서 사랑이 두 배로 필요하다는 점만 생각했다. 열네 살인 형 또한 말코를 있는 그대로 받아들였다. 형은 말코가 초콜릿케이크보다 더 좋다고 말한다.

"얼굴이 초록색이든, 빨간색이든, 파란색이든, 머리칼이 은색이든, 키가 작든, 뚱뚱하든 난 아무렇지 않아요. 말코는 늘 사랑스러운 내 동생이에요."

작가는 말코가 즐거워하는 것들이 무엇인지 '계속 배우고, 바꾸고, 탐색하고, 토론하고, 질문하고, 찾아내기'를 한다. 다운증후군 아이들은 똑같은 행동을 반복하고 사람들이랑 어울리는 데 서툴다. 그들은 하루에 일곱 가지 이상의 약을 복용해야 하며, 심장이 약하고 수명이 비장애인보다 짧은 경우가 많다. 작가는 6년간 말코를 관찰하고 키우며, 아이를 있는 그대로 받아들인다. 말코는 용기 있고 익살스럽다. 감정을 표정으로 그대로 드러내며 흥이 넘친다. 그리고 걱정과 달리 어려움을 이겨내면서 점점 성장한다.

그림책은 마치 일기를 쓰듯 손 글씨로 세심하게 채워져 있다. 사진과 다양한 색의 크레파스로 그린 그림, 낙서, 글은 말코의 행동과 머릿속을 풍부하게 표현하고 장애를 받아들이는 아빠의 심경을 담는다. 작가는 말코가 오래 살지 못할지라도 그것까지도 기꺼이 받아들인다고 말한다.

그림책의 부제는 '조금 다른 속도로 살아가는 너에게'이다. 『말코, 네 이름』은 단지 한 아이의 이야기가 아니라, 우리가 '다름'을 바라보는 시선에 대한 이야기이다. 이 그림책은 사랑은 때로 이해보다 먼저 다가오고, 이해는 시간이 걸리더라도 결국 사랑에 닿는다는 사실을 보여준다. 아빠의 성장은 곧 독자의 성장으로 이어지고, 말코의 존재는 우리 안의 편견을 하나씩 지워나가게 만든다. 조금 느리지만, 더 깊이 있게 걸어가는 말코의 걸음은 결국 우리 모두가 함께 걸어야 할 길을 비추고 있다.

세 그림책은 모두 다름을 가진 이들이 '정상'이라는 기준 밖에서 겪는 혼란, 외로움, 상처를 조명한다. 그러면서도 다름 그 자체가 하나의 '존재 방식'임을 보여준다. 그들은 '고쳐져야 할 대상'이 아니라, 우리가 더 깊이 이해하고 존중해야 할 '그 자체로 충분한 존재'이다. 이러한 그림책은 단지 특정 독자만을 위한 이야기가 아니라, 우리가 '다름'을 어떻게 마주하고 세상의 다양성과 조화 속에서 살아갈지를 다시 묻게 만든다. 그리고 우리는 그림책을 통해 결국은 모두가 함께 걸어야 할 길이 다름을 껴안는 길임을 배운다.

함께 읽으면 좋은 그림책

『까마귀 소년』 야시마 타로 글 · 그림 | 비룡소 | 1996

늘 뒤처지고, 친구들에게서 외면받던 한 소년. 그는 혼자 있는 시간을 자연과 함께 보낸다. 눈을 감고 귀를 기울이며 온갖 소리를 듣고, 작은 생물들을 유심히 들여다본다. 친구들이 바보 멍청이라고 놀려도, 아이는 날마다 묵묵히 걸어서 학교에 간다. 여섯 해 동안 '땅꼬마'라는 놀림을 받았던 소년은 이소베 선생님의 관심 덕분에 친구들 앞에서 그동안 연습한 까마귀 소리를 흉내 내게 된다. 그 순간, '땅꼬마'는 '까마귀 소년'으로 불리며 친구들의 인정을 받는다. 관계 속에서 외로웠던 아이는 자연을 친구 삼아 그들의 목소리에 귀 기울이며 성장했다. 그리고 결국 자신만의 방식으로 세상과 소통하며 학교를 마칠 수 있었다.

『그해 가을』 권정생, 유은실 글 · 김재홍 그림 | 창비 | 2018

청년 권정생이 만난 열여섯 살 창섭이의 가슴 시린 이야기이다. 교회 문간방에서 살던 권정생 선생님에게 지체장애와 지적장애를 지닌 창섭이가 종종 놀러 오고는 했다. 마치 같은 처지임을 아는 듯, 창섭이는 선생님에게 의지했다. 하지만 선생님이 글을 쓰며 아는 체하지 않는 태도에 그는 '서새니도 냉가 시치?'라고 묻는다. 그는 사람들의 무관심 속에서 결국 세상을 떠난다. '한 마리 벌레라도 살아 있는 것은 모두 고귀하다'라는 권정생 선생님의 마지막 말은 창섭이를 향한 참회의 말처럼 들린다.

『내가 개였을 때』 루이즈 봉바르디에 글 · 카티 모레 그림 | 씨드북 | 2017

발달장애가 있는 스물다섯 살 앙투안과 그의 가족 이야기는 제목부터 강렬하다. 앙투안은 스물다섯 살이지만 정신 연령은 다섯 살에 머물러 있다. 어머니가 있을 때는 따뜻한 보살핌 속에 지냈지만, 어머니가 세상을 떠난 후 폭력적인 동생 자크와 함께 남겨진다. 자크는 술에 의지하며 무너져 버리고, 결국 집을 나가버린다. 혼자 남겨진 앙투안은 전화로 도움을 요청할 수도 없었고, 요리하는 법도 몰랐다. 수염도 깎지 못하고, 늘 굶주렸고, 점점 망가져 갔다. 그때, 그에게 떠오른 것은 집 안의 유일한 생명체, 개 '델핀느'였다. 외롭고 두려웠던 앙투안은 결국 개처럼 살기로 결심한다. 개가 되어 살아가던 앙투안은 삼촌에게 구조되기까지 처절한 시간을 보내야 했다. 이 그림책은 장애인에 대한 돌봄이 가족에게만 맡겨져서는 안 되며, 사회적 안전망이 절실히 필요함을 보여준다.

9

다문화,

모두의
안녕을 묻다

체류 외국인 비율이 전체 인구의 5퍼센트가 넘으면 '다인종 · 다문화 국가'로 분류된다. 우리나라도 이주 노동자, 결혼 이민자, 북한 이탈 주민, 유학생, 외국 국적 동포, 불법체류 외국인, 그리고 난민까지 포함한 다양한 구성원들로 이미 다문화 사회가 되었음을 부인할 수 없다. 단일 민족 국가 개념에 익숙했던 한국 사회였지만, 글로벌 시대의 도래와 국내 노동력 부족 현상으로 이제 그 개념은 옛말이 되었다. 하지만 여전히 우리 사회에는 '반다문화 정서'가 남아 있어, 이로 인한 차별과 갈등이 존재한다. 다문화 학생이 증가하는 상황에서 학업 적응, 학업 격차, 진로 설계 등 미래 사회에 벌어질 일들에 대한 진지한 대비가 필요하다. 아울러 다문화 가정의 자녀가 겪는 따돌림과 이로 인한 부적응 등 부작용에 대한 해결책이 마련되어야 한다. 우리나라도 이제 다문화주의의 이상적 목표인 문화적 인정과 존중, 사회적 평등과 공정한 분배, 그리고 정치적 참여 보장을 최대한 실현하는 사회로 나아가야 한다.

다인종 · 다문화 사회인 미국은 1970년부터 아프리카계 작가를 대상으로 코레타 스콧 킹 상을 수여하며 다양한 목소리를 담아 왔다. 이 상은 흑인 해방과 인권 운동에 힘썼던 마틴 루터 킹 주니어를 기리기 위해 제정되었다. 2000년 이후에는 아프리카계 작가뿐만 아니라 라틴계, 아시안계, 미국 원주민 작가들의 작품까지 포괄하며, 다양한 인종과 문화적 배경의 이야기에 관심을 기울이고 있다.

2024년 세계적 권위의 아동문학상 '아스트리드 린드그렌 상'은 호주의 비영리 단체 '원주민 문해력재단ILF'이 수상했다. ILF는 호주 원주민 어린이들이 좋은 문학 작품을 접할 수 있도록 책을 함께 읽는 활동을 하며, 원주민의 언어와 이야기의 가치를 강조해 왔다. 심사위원들은 ILF가 책을 보급하고 다양한 프로그램을 통해 어린이에게 독서에 대한 욕구를 불러일으켰으며, 자긍심과 소속감을 키워 주었다는 점을 선정 이유로 밝혔다. 호주의 원주민들은 도서관에 가는 것이 쉽지 않아 책을 접하기 어렵고, 250개의 원주민 언어와 수많은 방언이 존재하는 탓에 책을 읽는 데 어려움을 겪는다. 이러한 문제에 도움이 되고자 ILF는 원주민 어린이들을 위해 영어, 이중언어, 원주민 언어로 구성된 책을 무료로 제공하고, 지역 사회와 협력해 독서 문화를 장려했다.

사회가 변화하며 우리나라에도 민주주의와 인권의 가치를 살피는 '민주 인권 그림책'이 출간되었다. 이 그림책들은 사회에 만연한 차별과 불평등의 문제를 외면하지 않고, 우리 사회가 기억해야 할 논의를 담아낸다. 세상에 존재하는 이들의 다양한 목소리를 들으며 그들의 존엄을 살피게 할 기회를 준다.

그중 장재은 작가의 『타오 씨 이야기』에서는 이주 여성 노동자의 이야기가 다큐멘터리처럼 펼쳐진다. 섬세하게 취재한 일상을 그린 담담한 서사에서 이주 여성 노동자로 살아가며 감내해야 하는 차별과 고통이 고스란히 느껴진다. 이주 노동자를 동정과 시혜의 대상으로 그리는 것이 아니라, 타국에서 열심히 살아가는 한 인간으로 그려낸다. 우리가 살아가는 평범한 일상이 그에게는 치열하게 이겨내야 하는 전쟁 같은 시간임을 깨닫는 순간, 독자들은 먹먹한 마음을 느끼게 된다. 작가는 힘든 현실을 꿋꿋하게 살아가는 타오 씨를 응원하는 마음을 담아, 따뜻하고 희망적인 색채로 그를 그린다. 타오 씨의 일상이 더는 불안하고 두렵지 않도록, 이제는 우리 사회가 그들에게 진심 어린 마음을 보내야 할 때라고 말한다. 그림책 작가들은 저마다의 시선으로 '강인하고 친절한 희망'이라는 메시지를 담아 다정한 세계를 전한다.

이 장에서는 모두의 안녕을 묻는 그림책을 소개한다. 에즈라 잭 키츠의 대표작과 에즈라 잭 키츠 상을 받은 작품을 통해 다양성을 확장하고, 최근 칼데콧 상 수상작에서 다문화를 그리는 방식을 살펴본다. 더불어 숀 탠과 아민 그레더 작가가 말하는 인권, 이주민과 난민의 현실을 들여다보며, 지금 우리에게 필요한 세계 시민의식이 무엇인지 고민해 보고자 한다. 책을 통해 다른 문화를 이해하는 것은, 다인종 · 다문화 시대를 살아가는 우리가 타인을 존중하고 배려하는 마음을 잊지 않게 하는 방법이 될 수 있다. 이러한 과정은 자신과 부모님의 뿌리를 이해하고 자긍심을 가질 수 있는 계기가 된다. 건강한 정체성은 바로 이해와 존중에서 비롯되기 때문이다.

『눈 오는 날』
에즈라 잭 키츠 글 · 그림 | 비룡소 | 1995

『아빠와 차곡차곡』
하이디 우드워드 셰필드 글 · 그림 | 책연어린이 | 2022

『우리는 진짜 진짜 사람입니다』
엑스 팡 글 · 그림 | 위즈덤하우스 | 2025

다채로운 빛깔이 모여 꽃을 피우다

에즈라 잭 키츠는 1960년 『우리 개를 찾아 주세요!』에 그림을 그리며 그림책 작가의 길에 들어선다. 처음으로 흑인 아이를 주인공으로 등장시켜 주목을 받은 『눈 오는 날』은 에즈라 잭 키츠가 글과 그림을 모두 작업했다. 1963년 칼데콧 상을 수상한 이후 지금까지 꾸준히 사랑받고 있는 이 그림책은 어린이의 섬세한 심리와 관계의 변화를 잘 보여준다.

온 세상이 흰 눈으로 덮인 날, 피터는 빨간 외투를 입고 밖으로 나간다. 사람들이 다니는 길은 이미 눈이 쌓여 있다. 피터는 쌓인 눈 위에 자신의 발자국을 선명하게 남긴다. 피터는 주머니에 눈을 담아 돌아오지만, 모두 녹아버린다. 해님이 눈을 몽땅 녹여 버릴까 걱정하다 잠이 든 피터는 눈이 녹는 꿈을 꾼다. 하지만 잠에서 깨어 창밖에 여전히 눈이 쌓여 있는 걸 보고 안도한다. 한동안 혼자 놀던 피터가 친구와 손을 잡고 눈 속으로 걸어가며 그림책은 끝이 난다. 좋아하는 것이 사라지더라도 낙담하거나 용기를 잃지 말라고 말해주는 듯하다.

작가는 그림책 속에 흑인과 소수 민족 어린이를 등장시키며, 현실에서 소외당하는 어린이가 없기를 바라는 마음을 표현했다. 주인공 피터가 아무도 밟지 않았던 눈 위에 길을 낸 것처럼, 에즈라 잭 키츠 역시 누구도 그림책에 담지 않았던 흑인 아이의 이야기를 통해 자신만의 길을 만들어 갔다. 종이, 끈, 헝겊, 사진 등 이질적인 재료로 조화로운 작품을 완성시키는 콜라주 기법은 다채로운 빛깔이 모여 아름다운 꽃을 피우는 다문화 사회를 표현하는데 제격이다.

에즈라 잭 키츠 상은 그림책 작가 에즈라 잭 키츠를 기리기 위해 제정된 상으로, 어린이의 보편성과 다문화적 특성을 묘사하는 작품에 수여된다. 모든 민족과 사회 집단을 아우르는 그림책을 수상작으로 선정하고 있다. 2021년 에즈라 잭 키츠 상 수상작인 『아빠와 차곡차곡』은 히스패닉(라틴계) 주인공 루이의 아빠를 통해 성실하게 살아가는 이민자의 모습을 그린다. 벽돌공으로 일하는 아빠는 가정의 행복한 미래를 꿈꾸며 희망을 차곡차곡 쌓아간다. 고달픈 아빠의 삶을 묘사하기보다는 'Mis Suenos, Hola, Adios' 등 긍정의 의미를 지닌 스페인어 단어들을 배경 속 벽돌 이미지로 자연스럽게 배치했다. 작가는 사진과 디지털 페인팅, 콜라주 기법을 활용해 가족이 도시에서 살아가는 모습을 따뜻하게 표현했다.

일하러 간 아빠와 학교에 간 루이는 엄마가 점심으로 싸준 엠파나다를 먹고 오르차타를 마신다. 루이는 친구들과 도시락을 나누어먹으며 학교생활을 즐겁게 한다. 다양한 인종의 어린이들이 함께 점심을 먹는 모습을 통해 라틴계 식문화를 알 수 있다. 글에 녹아 있는 다양한 의성어에서 활기차고 생동감 있는 가족의 삶이 느껴진다. 배경 속에 보이는 'Dream'은 가족의 꿈을 위해 열심히 살아가는 아빠를 응원하는 상징이다. 희망을 쌓아온 루이 가족은 마침내 꿈꾸던 집을 갖게 된다. 자신들이 꿈꾸던 집을 상상이 아닌 현실에서 이룬 것이다. 차곡차곡 벽돌을 쌓아가는 이야기 속에 다문화 사회를 살아가는 이들의 꿈이 '차곡차곡' 피어오른다.

대만계 미국인 엑스 팡의 그림책 『우리는 진짜 진짜 사람입니다』는 2025년 에즈라 잭 키츠 상을 받았다. 작품 속 인물들은 동양인으로 묘사된 주인공을 비롯해 다양한 피부색으로 표현되었다. 이야기의 시작은 우주인의 선언, '우리는 진짜 진짜 사람입니다'라는 말에서 비롯된다. 사람들은 갑자기 지구에 도착한 낯선 이들을 배척하거나 경계하지 않는다.

주인공 아저씨는 우주인이 우주선 고장을 이유로 부품이 필요하다고 하자, 자정이 지났으니 자신의 집에서 하루 묵고 다음 날 가게에 가자고 권한다. 이튿날 아침, 우주인을 본 아주머니는 지구인과 다른 행동을 하는 그들이 묘하다고 생각할 뿐 놀라지 않는다. 가게에서도 사람들은 그들을 조금 독특하다고 여길 뿐, 힘을 모아 우주선을 고칠 수 있도록 기꺼이 돕는다.

사람들은 낯선 존재의 정체를 묻기보다는 그들이 처한 어려움이 무엇인지 살피며, 배려와 도움을 건넨다. 서로를 있는 그대로 바라보는 과정에서 환대의 장면이 펼쳐진다. 우주인은 사람들이 춤을 추는 이유를 묻고, 아저씨는 음식 먹는 법을 알려준다. 호기심은 차별이 아니라 친절과 교류로 이어지고, 마침내 우주인과 지구인의 화합으로 나아간다. 이러한 모습은 다문화 사회를 살아가는 우리가, 다른 문화권에서 온 이주민을 대할 때 지녀야 할 태도를 보여준다.

세 그림책 속 세상에는 다양한 인종이 함께 어울려 행복하게 살아간다. 다문화 사회에서 성장하는 어린이에게, 그림책 속 다양한 인종의 등장은 더 이상 낯선 일이 아니다. 에즈라 잭 키츠가 꿈꾸던 세상이 그림책 속에서만 아니라 현실에서도 아름다운 다문화의 꽃으로 피어나기를 바란다.

○

함께 읽으면 좋은 그림책

『야호! 비다』 린다 애쉬먼 글 · 크리스티안 로빈슨 그림 | 그림책공작소 | 2016

비가 오는 아침, 창밖을 바라보는 할아버지와 아이가 있다. 비가 오는 상황을 받아들이는 이들의 모습은 너무나 다르다. 외출을 준비하는 과정에서 모든 것이 즐거운 아이와 매 순간 짜증이 나는 할아버지는 우연히 카페에서 마주친다. 비가 내려 기분이 좋지 않았던 할아버지는 마법에 걸린 듯 아이의 개구리 모자를 쓰고 즐거워한다. 그림책의 글은 단순해 보이지만 그림에는 다문화적 요소가 곳곳에 보인다. 그림책 속 묘사된 풍경을 자세히 들여다보면, 다양한 인종의 사람들이 어우러진 다채로운 모습을 발견할 수 있다. 우리와 함께 살아가는 반려동물 또한 다양한 종의 모습이 그려져 있다.

『다니엘이 시를 만난 날』 미카 아처 글 · 그림 | 비룡소 | 2018

대학에서 다문화 교육학을 공부한 미카 아처의 그림책으로, 수채화, 펜과 잉크, 오일 등 다양한 재료와 기법으로 완성되었다. 아름다운 가을의 모습이 인상적인 이 작품은 2017년 에즈라 잭 키츠 상을 수상하기도 했다. 작가의 탐구적인 시선은 작품 속 어린이에게 투영되어 정해진 법칙에서 벗어나 세상을 새롭게 바라보는 시선으로 드러난다. 일주일 동안 공원에서 시의 본질을 찾던 주인공은 마음속에 담아두었던 것을 천천히 바라보고 귀 기울여야 함을 알게 된다. 이를 통해 평범한 것에서 특별함을 발견할 수 있는 기쁨을 만끽하게 한다. 시를 쓰는 어려운 과정은 다문화 사회를 현명하게 살아가기 위해 고군분투하는 우리의 여정과도 닮았다.

『빨간모자』 제리 핑크니 글 · 그림 | 별천지 | 2010

제리 핑크니는 그림책 작가로 활동하며 한스 크리스티안 안데르센과 그림 형제의 동화를 꾸준히 재해석해 왔다. 그가 그린 『빨간모자』는 흑인 인물들이 등장하는 새로운 빨간 모자를 선보였다는 점에서 의의가 있다. 그는 칼데콧 상을 비롯해 코레타 스콧 킹 상을 다수 수상하며 그림책 작가로 우뚝 서게 되었다. 작가가 활동하던 시기에 미국 아동문학상을 수상하는 아프리카계 작가는 극소수였다. 1960년 초반까지만 해도 아동문학상을 수상한 작품에는 아프리카계 미국인 주인공이 거의 없었다. 이런 환경에서 제리 핑크니의 그림책은 풍성한 색감으로 포용과 다양성을 보여주기에 충분했다.

『행복을 나르는 버스』

맷 데 라 페냐 글 · 크리스티안 로빈슨 그림 | 비룡소 | 2016

『물냉이』

안드레아 왕 글 · 제이슨 친 그림 | 다산기획 | 2022

『또 다른 연못』

바오 파이 글 · 티 부이 그림 | 밝은미래 | 2018

다양성을 말하는 칼데콧 상

오바마 대통령 재임 시기, 아프리카계 미국인을 향한 경찰의 폭력에 저항하는 비폭력 시민 불복종 운동Black Lives Matter이 시작되었다. 트럼프 대통령 재임 시기에도, 경찰이 용의자 조지 플로이드를 체포하는 과정에서 8분 46초 동안 무릎으로 목을 눌러 살해한 사건이 일어났다. 이러한 사회 분위기 속에서 시민의식은 더 성숙해졌고, 이는 어린이 그림책에도 많은 영향을 주었다. 2000년 이후 칼데콧 상 수상작에 다문화와 다양성의 주제를 가진 작품이 많이 등장하는 것도 이와 무관하지 않다.

『행복을 나르는 버스』는 2016년 칼데콧 아너 상과 뉴베리 상을 동시에 수상한 최초의 그림책으로 이목을 끌었다. 인종, 나이, 성별, 생김새가 저마다 다른 다양한 사람들이 함께 타고 가는 버스 이야기는, 출간 후 뉴욕 타임스, 월스트리트 저널, 퍼블리셔스 위클리 등 유명 언론의 찬사를 받았다. 그림 작가 크리스티안 로빈슨은 할머니와 동생, 사촌 둘, 숙모와 함께 작은 침실이 하나 있는 아파트에서 자랐다고 한다. 여섯 명의 가족이 한 방에서 살았던 어린 시절의 기억은 작품의 밑거름이 되었다. 작가가 어릴 적 경험했던 할머니의 돌봄은 시제이에게 투영되었다. 비록 좁았지만, 행복한 유년 시절을 보내게 해준 아파트라는 공간은 버스로 치환되어 세상으로 나왔다. 글 작가 맷 데 라 페냐는 로빈슨이 그린, 버스를 타는 할머니와 소년의 모습을 보고 이야기의 영감을 받았다고 한다. 글 작가와 그림 작가의 조화로운 협업을 통해 세상의 아름다움을 싣고 달리는 행복한 버스가 탄생한 것이다.

시제이는 교회에서 나와, 할머니와 함께 버스를 타고 무료 급식소로 향한다. 비 오는 거리의 모든 것에서 아름다움을 발견한 시제이는, 자동차를 타고 집으로 가는 친구와 다른 자신의 상황을 할머니에게 묻는다. 할머니는 버스 안에서 이웃을 통해 세상을 아름답게 바라보는 긍정적인 시선을 드러낸다. 그러면서 상황을 자연스럽게 설명해 준다.

그림책의 원제는 'Last Stop On Market Street'로, 버스의 종착지는 바로 우리가 꿈꾸는 세상이다. 다양한 사람들은 각자가 가져온 행복을 안고, 작지만 거대한 이야기를 품은 버스와 함께 목적지로 향한다. 웃음과 배려가 가득한 곳이자 굶주림과 차별이 없는 곳이다. 시제이와 할머니는 배식 봉사를 마치고 정류장에서 버스를 기다린다. 비가 올 때 시제이에게 씌워주던 할머니의 우산은 고이 접혀 있고, 시제이는 책을 읽고 있다. 안전과 보살핌을 상징하는 주황색 우산은 시제이가 읽는 책의 색깔과 같다. 할머니의 긍정적인 삶의 태도가 세상을 아름답게 바라보는 시제이의 마음으로 이어진 것이다. 할머니는 버스를 기다리면서도 뜨개질을 멈추지 않는다. 시제이는 세상의 아름다움을 바라보기 위해 할머니가 만들어 준 목도리와 장갑을 하고 길을 나설 것이다.

그동안 다문화 가정은 인종차별을 당하는 무력한 타자로 그려졌다. 하지만 최근의 작품들은 이러한 시선에서 벗어나 이방인의 삶을 잔잔하게 작품 속에 녹여내고 있다. 두 번째로 칼데콧 상과 뉴베리 상을 동시에 받은 『물냉이』는 추억을 통해 서로를 이해하는 과정이 담긴 이야기이다. 아픈 기억을 꺼내놓지 못한 부모님과 이주민 자녀가 겪는 심리적 갈등을 섬세하게 담아냈다.

낡은 폰티악 자동차를 타고 가던 가족은 길에서 물냉이를 발견한다. 영화 〈미나리〉를 떠오르게 하는 이 장면은 따가운 오하이오의 햇볕, 억수같이 퍼붓는 비, 매서운 눈발 속에서도 생명을 틔운 물냉이를 비춘다. 미국 이민자들 또한 길 주변에서 자라는 물냉이처럼 꿋꿋하게 어려운 시절을 살아냈다. 주인공은 이민자로 살아온 엄마의 눈빛이 용의 발톱 끝처럼 날카롭다고 비유한다.

엄마는 옥수숫대 우듬지들 사이에서 물냉이를 찾아내서 집으로 가져와 음식을 차린다. 부모님에게 물냉이는 끼니를 해결하는 단순한 식재료가 아닌 고향의 그리움을 채워주는 것이다. 엄마의 어린 시절이 담긴 가족사진에는 물냉이 줄기처럼 마른 남동생이 있다. 처음 듣게 된 엄마의 가족 이야기는 물냉이처럼 쌉쌀하지만 은은하게 혀에 남는다. 엄마의 사적 기억은 가족뿐 아니라 세대와 문화를 넘어 서로를 이해할 수 있는 공적 기억으로 확장된다. 중국계 미국인 글 작가 안드레아 왕과 그림 작가 제이슨 친은 '내게 영감을 주신 부모님이자 이민자였던'이라고 헌사를 쓰며 미국에서 이민자로 살아온 부모님에 대한 감사를 표했다.

2018년 칼데콧 아너 상과 에즈라 잭 키츠 상을 비롯해 많은 상을 받은 『또 다른 연못』은 글 작가 바오 파이와 그림 작가 티 부이가 함께 만든 그림책이다. 이 그림책 또한 베트남에서 미국으로 이주해 살아온 부모님을 생각하며 만들었다. 실제 글 작가는 1975년 전쟁을 피해 베트남을 떠나 미국으로 망명한 부모의 자전적 경험을 담았다. 주인공 아빠는 직업이 있지만, 해 뜨기 전에는 가족을 위해 낚시하러 나간다. 주인공은 낚시 도구 상점에서 산 미끼를 들고 아빠와 함께 연못으로 향한다. 주말에도 부업을 하는 아빠의 손에는 굳은살이 많다. 그는 낚시를 준비하는 아빠를 도와 모닥불을 피울 나뭇가지를 줍고 불을 피운다. 그날 아빠에게 전쟁터에 나간 삼촌이 돌아오지 못했다는 슬픈 이야기를 듣게 된다.

주인공은 아빠의 나라 베트남에 대해 궁금증을 품게 된다. 아빠가 떠나온 곳의 나무와 이곳의 나무가 비슷한지가 궁금했다. 아빠와 함께한 낚시의 경험은 미국 사회에서 고군분투하며 살아가는 부모님을 이해하는 계기가 된다. 퍼블리셔스 위클리의 심사평에서 '바오 파이는 뜻밖의 슈퍼 히어로, 즉 낯설고 새로운 문화를 견뎌내는 아버지, 자신이 치른 희생에 전혀 관심을 드러내지 않는 아버지에게 찬사를 보내고 있다'고 극찬했다. 낯선 땅에서 고된 삶을 살았던 아버지에게 사랑과 존경을 표현했다고 말이다.

작가들은 그림책을 만들며 부모님을 이해하는 시간을 갖게 되었다. 존경의 마음을 담은 작품은 이주민 자녀들이 부모 세대가 겪은 어려움에 대해 공감할 수 있게 한다. 세상을 살아가는 이민자들의 이야기를 통해 모두가 위로와 격려를 느꼈으면 좋겠다.

○

함께 읽으면 좋은 그림책

『달케이크』 그레이스 린 글 · 그림 | 보물창고 | 2019

중국계 미국인 작가 그레이스 린은 2010년 『산과 달이 만나는 곳』으로 뉴베리 상을 받았다. 작가는 경험을 바탕으로 쓴 진솔한 작품으로 꾸준히 독자들의 사랑을 받고 있다. 그는 자신의 딸들에게 들려줄 이야기를 찾다가 『달케이크』를 만들었다고 한다. 웃음이 넘치는 이야기 속에는 이민 1세대가 일궈온 삶에 대한 감사의 마음이 잔잔하게 담겨 있다. 작가는 1949년 칼데콧 아너 상을 수상한 로버트 맥클로스키의 『딸기 따는 샐』에 나오는 한 장면을 오마주했다. 그림책 속 엄마와 아이가 부엌에서 행복한 시간을 보내고 있는 장면은 70년이 지나 『달케이크』에 다시 등장한다. 케이크를 만드는 엄마와 아이의 다정한 모습을 자신이 펼쳐놓은 신비한 달케이크 이야기 속에 그대로 녹여냈다. 어린 시절 부모님이 읽어주던 이야기와 함께 어우러진다.

『용을 찾아서』 줄리 렁 글 · 차호윤 그림 | 열린어린이 | 2024

차호윤은 미국에서 태어나 미국과 한국의 이중 국적을 가진 작가로, 2024년 한국인 최초로 칼데콧 아너 상을 받았다. 작가는 부모님에게 쓴 헌사에서 자신의 마음속에 용들이 무럭무럭 자라게 해준 고마움을 전했다. 그림책에서 아이가 만나는 동양의 푸른 용과 서양의 붉은 용은 다양한 문화 정체성을 나타낸다. 엄마는 두 숲이 만나는 곳이 아이의 마음속에 있고, 두 세계를 모두 발견할 수 있다고 말해준다. 실제 작가는 어린 시절 부모님이 읽어주던 한국 동화와 서양 동화에서 큰 영감을 얻었다고 한다. 그의 성장 과정에 동 · 서양 문화의 서로 다른 정체성이 공존하고 있음이 드러난다. 아이의 마음속에 두 숲이 함께 잘 자라난 것이다.

『나는 크고 아름다워요』 배슈티 해리슨 글 · 그림 | 책읽는곰 | 2024

작가는 어릴 적 또래보다 덩치가 컸다. 이런 이유로 어린아이였음에도 어른 취급을 받은 적이 많았다. 아프리카계 미국인 아버지와 인도계 미국인 어머니 사이에서 태어난 작가는, 몸집이 큰 유색 인종 아이를 실제 나이보다 더 성숙하다고 여기는 성인화 편견을 겪었다. 이러한 경험이 담긴 이야기에는 사람들의 날카롭고 매서운 말들이 만든 틀이 존재한다. 주인공은 어린아이는 작고 날씬해야 한다는 편견으로 고민하다 비좁은 틀에 갇힌다. 하지만 결국 두 팔을 활짝 펼치며 새처럼 비상한다. 타인의 말에 갇혔던 틀에서 벗어나 자유롭게 성장할 준비를 마친다.

『도착』
숀 탠 글 · 그림 | 사계절 | 2008

『이동』
이사 와타나베 글 · 그림 | 책빛 | 2021

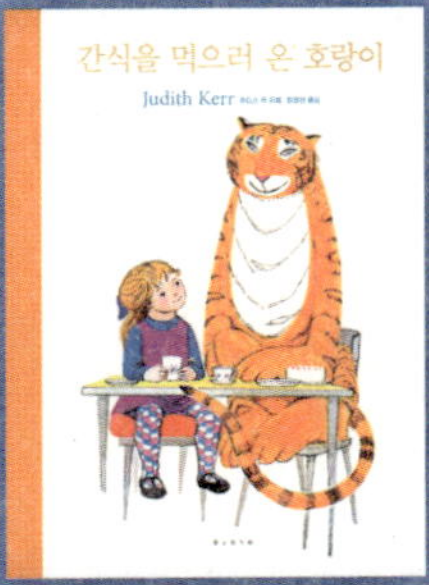

『간식을 먹으러 온 호랑이』
주디스 커 글 · 그림 | 보림 | 2000

이주민을 그리는 은유 그리고 침묵

호주 작가인 숀 탠은 영국의 식민지였던 호주에서 중국계 말레이시아 이민 2세로 태어났다. 이민자들의 도착지인 항구 도시 퍼스의 변두리에서 자라며, 성장기 동안 이민 2세로서의 정체성과 주변부에서 살아가는 삶에 대해 깊이 고민했다. 작가는 유년 시절의 경험을 바탕으로, 그림책 속에 이주민의 모습을 많이 그렸다. 현재는 맬버른에 살며, 작가이자 무대 디자이너, 애니메이션 콘셉트 아티스트로 활동하고 있다. 2011년 어린이문학에 공헌한 공로를 인정받아 아스트리드 린드그렌 상을 수상했다. 『도착』은 2007년 볼로냐 라가치 특별상을 받은 글 없는 그림책이다.

'개인적으로 매우 다른 해석을 불러일으키면서도 진실의 고리에 닿아 있는 이미지를 자주 찾는다'는 작가의 말처럼, 독자는 낯선 풍경 속에서 엘리스섬과 자유의 여신상을 발견하며 진실을 맞춰간다. 그림책의 아이디어는 여행 가방을 들고 있는 어느 소외된 인물의 막연한 심정에서 시작되었다고 한다. 면지에 그려진 증명사진은 다른 세계에 도착해 이름 없이 살아가던 이들의 앨범처럼 보인다. 실제로 작가는 뉴욕 엘리스섬 이민 박물관의 기록보관소에 있는 사진들에서 영감을 받아 여권 크기의 초상화 시리즈를 그렸다.

특정 시기에 많은 사람이 이주한 미국의 엘리스섬은 문화적 기억의 중요한 분기점이다. 형태가 거의 없는 인물의 얼굴은 이주민들의 익명성과 불안한 소속감에 대한 은유이다. 쥐, 개, 돌고래, 상어, 새 같은 동물들은 낯선 생물체처럼 보인다. 이상한 동물들과 함께 살아가는 도시는, 이주민들이 이방인으로서 겪는 언어의 장벽과 문화적 혼란을 상징적으로 보여준다. 그들은 아이에게 좋은 교육 환경을 제공하기 위해, 사랑하는 사람과 함께 살기 위해, 일자리를 얻기 위해, 호기심과 모험 정신으로 새로운 곳에 정착한다. 저마다의 사연을 가지고 새로운 세계로 떠나온 이주민들이 낯선 땅에서 느꼈을 두려움과 고독은 흑백의 그림으로 극대화된다. 이주민들이 겪었을 고통을 글 없는 그림책의 방식을 통해 침묵으로 전한다. 또한 낯선 동물들의 형상으로 타국에서 이겨내야 하는 고통의 무게를 표현하고 있다.

이사 와타나베는 페루에서 스위스로 이주해 살아가던 중 지중해를 건너 해안에 도착한 난민들의 소식을 접하게 된다. 작가는 일본에서 페루 북부로 이주한 할아버지의 경험을 듣고 자랐기에 그들의 이야기가 가슴에 남았다. 이후 그는 시리아 난민 아이들의 사진을 보고 고향을 떠나온 이들의 가혹한 현실을 알게 된다. 작가는 이주민들의 상처와 고통을 지나칠 수 없어, 그림으로 이들의 현실에 대한 공감과 희망을 전하고 싶었다. 『이동』은 그러한 마음으로 탄생한 작품이다.

그림책의 표지는 어두운 밤처럼 까만 배경에, 어디론가 이동하고 있는 동물들의 모습이 뚜렷한 색채로 그려져 시선을 끈다. 하지만 화려한 색채와는 달리 동물들의 표정에는 두려움이 느껴진다. 이들은 죽음을 각오하고 이동한다. 희망을 잃지 않고, 서로를 의지하며 어디론가 계속 가고 있다. 동물들은 온갖 어려움에도 끈끈한 유대감을 바탕으로, 살아남기 위해 경계를 넘고 또 넘는다. 이들에게는 죽음보다 더 무서운 것이 있다. 더는 경계를 넘을 수 없고, 갈 곳이 없는 상황이다. 절망과 희망이 공존하는 이주민의 현실은, 그림책에 등장하는 화려한 꽃무늬 옷을 입은 해골과 푸른 따오기의 모습에 투영되어 있다. 죽음과 삶, 절망과 희망은 늘 그들에게 동시에 존재한다.

영국을 대표하는 그림책 작가 주디스 커는 베를린에서 태어났지만, 제2차 세계대전 당시 나치 정권을 피해 영국으로 망명했다. 그의 아버지는 국가사회주의 정책에 반대하다 망명 생활의 어려움을 겪었다. 작가의 첫 그림책 『간식을 먹으러 온 호랑이』는 딸과 함께 동물원에 갔을 때, 보고 그린 호랑이 스케치가 작품의 영감을 주었다.

당시 독자들은 호랑이가 이주민을 상징하는 것은 아닌지 궁금해했다. 작가의 어린 시절 경험이나 유대인 가정에서 배운 율법, 낯선 손님에 대한 환대에 의미를 부여해서 바라본 것이다. 그림책에서 소피의 가족은 갑자기 찾아온 호랑이에게 집에 있는 모든 음식을 내어주며, 다시 찾아올 호랑이를 위해 그에게 맞는 '타이거 푸드'를 준비한다. 소피 가족의 행동은 이주민을 대하는 태도를 다시 생각하게 한다. 이주민을 받아들이고 살아가는 것은 일상의 평온이 깨지는 불편함을 초래할 수도 있다. 비록 일상의 평온을 회복하는 데 시간이 오래 걸리더라도, 이주민을 환대하는 마음가짐과 태도를 보여준 '타이거 푸드'를 잊지 말아야 할 것이다. 우리는 이미 다문화 시대에 살고 있으며, 모두가 함께 살아가기 위해서는 아름다운 연대가 필요하다.

세 권의 그림책은 다문화 사회에서 조화롭게 살아가기 위해, 이주민에 대한 우리의 인식을 되돌아볼 계기를 마련해 주었다. 이 과정에서 세상에 필요한 진정한 환대가 무엇인지 끊임없이 묻는다. 그림책을 통해 우리는 과거를 돌아보고, 현재를 살아가며, 더 나은 미래를 위한 방향을 정해야 한다. 관용과 열린 마음으로 새로운 공동체의 모습을 함께 만들어 가야 할 때이다.

함께 읽으면 좋은 그림책

『카멜라의 행복한 소원』

맷 데 라 페냐 글 · 크리스티안 로빈슨 그림 | 비룡소 | 2019

이민자 출신 글 작가 맷 데 라 페냐는 그림책의 헌사를 통해 꿈을 가지고 미국으로 온 이들과 조부모에게 응원의 메시지를 전했다. 그림 작가 크리스티안 로빈슨도 원고를 읽고 미국으로 이주한 자신의 어린 시절을 떠올렸다고 한다. 면지에는 농장에서 부지런히 일하는 사람들이 그려져 있다. 카멜라는 킥보드를 타고 이들을 지나간다. 엄마는 하루 종일 호텔에서 일하고, 오빠는 손수레에 물건을 나른다. 카멜라의 소원은 아빠가 체류 허가증을 받아 집으로 돌아오는 것이다. 카멜라는 소원을 담은 민들레를 꺾어 오빠를 따라다니다 넘어진다. 퉁명스럽던 오빠는 동생을 달래며, 눈을 감고 소원을 빌어보라고 말한다. 바다 위로 수백 개의 민들레 홀씨가 갈매기와 함께 날아오른다. 가족의 소원이 이루어질 거라는 희망을 준다.

『빼앗긴 사람들』 아민 그레더 글 · 그림 | 지양어린이 | 2018

조상 대대로 살아오던 땅에서 쫓겨나, 낯선 곳을 떠돌며 사는 팔레스타인 사람들의 이야기를 그렸다. 밤마다 아이들은 할아버지의 할아버지의 할아버지들이 살아온 삶을 잊지 않기 위해 옛날이야기를 듣는다. 어느 날, 낯선 사람들이 마을을 찾아온다. 자신들의 땅을 찾으러 왔다는 이들은 오랫동안 이 땅에서 살아온 사람들과 대립한다. 결국 전쟁이 일어나 땅을 지켜온 사람들은 죽거나 쫓겨나고 만다. 그곳에는 존중도, 정의도, 권리도 없으며, 오직 무력으로 경계가 그어진다. 그렇게 세워진 담장은 모든 것을 가로막는다. 지금 이 순간에도, 빼앗긴 사람들은 어디선가 굶주림과 치욕을 겪으며 살아가고 있을 것이다.

『찬다 삼촌』 윤재인 글 · 오승민 그림 | 느림보 | 2012

컨테이너에서 아빠와 단둘이 살아가는 주인공은 무서움을 이겨내기 위해 텔레비전을 크게 틀어놓는다. 외롭게 지내던 아이에게 어느 날 새로운 가족이 생긴다. 바로 이주 노동자 찬다 삼촌이다. 삼촌과 함께 살면서 다른 문화에 대해 이해하게 된다. 외롭던 아이는 아빠가 채워주지 못했던 가족의 정을 이주민 삼촌에게 느낀다. 이들의 모습을 통해 다문화 사회 속에서 볼 수 있는 새로운 가족의 형태를 생각하게 된다. 마지막에 손으로 밥을 먹는 찬다 삼촌을 보며 아이도 손으로 밥을 먹는다. 다문화 사회에서 필요한 이주민을 대하는 태도를 엿볼 수 있다. 우리는 다양한 문화를 녹여내 하나의 새로운 문화로 만드는 '용광로 문화'가 아닌 서로의 문화를 존중하고 배려하는 '샐러드 볼 문화'로 나아가야 할 것이다.

『지중해』

아민 그레더 글 · 그림 | 내인생의책 | 2020

『섬』

아민 그레더 글 · 그림 | 보림 | 2009

『밀어내라』

이상옥 글 · 조원희 그림 | 한솔수북 | 2019

난민에게 은은한 달빛이 되어

난민은 자국에서 일어난 내전과 분쟁, 종교의 박해 혹은 환경 파괴나 기후변화 등으로 인해 생존을 위협받아 무국적자 신분으로 다른 나라에 망명을 신청하는 사람들을 말한다. 조르조 아감벤은 『호모 사케르: 주권 권력과 벌거벗은 생명』에서 '호모 사케르'이자 '벌거벗은 생명'의 대표적인 사례로 난민을 언급한다. 그는 난민의 존재를 통해 모든 형태의 배제를 거부하며, 오늘날 더 많은 존재가 어쩌면 호모 사케르일 수도 있다고 지적한다. 호모 사케르란 법 밖으로 쫓겨나 보호받지 못하는 사람을 의미한다.

지금도 난민은 전쟁과 무자비한 국가 폭력, 그리고 다양한 문제로 인해 끊임없이 발생하고 있다. 그들은 본인과 가족의 목숨을 지키기 위해 어쩔 수 없이 바다를 건너야 하는 위험을 선택한다. 세 살배기 시리아 난민 '아일란 쿠르디'의 죽음은 유럽 사회에 큰 충격을 주었다. 유럽연합은 이를 계기로 회원국마다 일정 인원의 난민을 의무적으로 받아들이도록 하는, 일종의 '난민 쿼터제'를 시행하게 되었다. 그러나 여전히 목숨을 걸고 지중해를 건너는 수많은 난민이 있다.

언론인 알레산드로 레오그란데는 아민 그레더의 『지중해』 작품에 나타난 난민에 대한 '이중억압'의 문제를 언급한다. 첫 번째 억압은 언론의 보도 방식에 있다. 언론은 바다에서 죽어가는 난민들의 죽음을 보도할 때, 이들의 이름과 성 대신 익명의 덩어리로 전달한다. 이는 난민 한 사람 한 사람의 존엄성을 지워 존재 자체를 사회적 인식의 경계 밖으로 밀어낸다. 두 번째 억압은 이들이 조국을 떠나게 된 근본적인 원인에 대한 무관심이다. 난민들은 생명을 걸고 목숨값에 가까운 비용을 지불하면서까지 바다를 건넌다. 이는 그들이 떠나온 삶의 터전이 이미 지옥보다 더한 상황이었음을 의미한다. 그럼에도 불구하고 우리는 그들이 처한 사회적 · 경제적 · 정치적 맥락을 이해하려 하지 않으며, 단지 '도움이 필요한 타자'로만 대상화한다.

레오그란데는 이러한 이중억압의 구조 속에서 난민 문제를 바라보는 우리 사회의 시선에 근본적인 성찰을 요구한다. 그는 예술과 문학이 지중해에서 벌어지는 끝없는 전쟁을 언제나 비추어야 하고, 빛에서 사라진 자에게 마땅한 장례를 치러주어야 한다고 강조한다.

난민에 대한 충격적인 진실을 마주하게 하는 『지중해』는 서로의 다름을 이해하고 받아들이는 것이 생각보다 쉽지 않음을 보여준다. 식탁에 오른 물고기가 바다에서 죽음을 맞이한 난민의 시체를 먹고 자랐다는 사실은 우리에게 충격을 안겨준다. 난민을 외면하는 일이 바다의 물고기를 먹는 우리의 삶과 직접적으로 연결되어 있음을 암시한다. 목탄으로 그려낸 묵직한 그림을 통해 인종, 종교, 국적, 정치적 견해가 다르다는 이유로 누군가를 핍박하는 것은 부당하다고 경고한다. 직설적인 언어와 과감한 묘사로 독자들의 마음속에 커다란 파장을 일으킨다. 침묵으로 표현된 그림책은 난민들의 소리 없는 외침과 닮아 있다. 불편한 진실을 외면하지 않고, 박해받는 사람들을 위해 할 수 있는 일이 무엇인지 방향을 제시하는 나침반 역할을 한다.

『섬』은 2002년 독일에서 초판이 출간되며 많은 논란을 불러일으켰다. 그림책의 이야기는 파도와 운명에 이끌려 한 남자가 뗏목을 타고 섬에 도착하면서 시작된다. 이방인 남자는 몸에 아무것도 걸치지 않은 채 섬에 나타난다. 그는 섬에 사는 사람들에게 환영받지 못하고 곧바로 염소 우리에 갇힌다. 이방인 남자의 존재만으로 주민들은 불안에 휩싸인다. 그들은 이방인에게 일거리를 주는 문제를 의논하지만, 남자를 쉽게 받아들이지 못한다. 결국 주민들은 불안과 의심 끝에 남자를 뗏목에 태워 다시 바다로 보낸다. 앞으로는 누구도 섬에 들어올 수도, 나갈 수도 없다. 이방인을 데려온 어부의 배는 바다 위에서 불타 사라진다. 그림책 표지에 그려진 높은 장벽은 섬 주민들이 세운 심리적 벽이다. 이제 높다란 장벽만이 그들 앞에 놓여 있을 뿐이다. 과연 섬에 사는 사람들은 불안과 의심에서 벗어날 수 있을까?

2019년에는 사회적 분위기와 맞물려 『밀어내라』가 출간되었다. 당시 제주도 난민 문제에 대응하던 우리의 모습을 동물로 의인화해, 난민 문제를 다시금 생각할 수 있는 기회를 준 그림책이다. 제주도는 관광객 유치를 위해 대부분의 외국인이 30일간 무비자 체류가 가능한 지역이다. 예멘 난민 오백여 명이 제주도에 입국해 망명을 신청하면서 난민 수용에 대한 첨예한 논쟁이 벌어졌다. 우리나라에 난민법이 제정된 이후, 특정 국가 출신 난민 수백 명이 망명을 신청한 첫 사례였다. 짧은 시간 동안 이루어진 이질적인 난민의 유입은 사회적으로 큰 파장을 일으켰다.

빨간 막대기를 든 펭귄이 얼음 조각 위에서 누군가를 응시한다. 그들이 사는 곳에 물개와 북극곰 가족이 찾아오자, 어른 펭귄은 '밀어내라'고 외친다. 문어와 놀다가 먹물이 튄 아기 펭귄들은 어른 펭귄에게 우리도 이제 다르다고 말한다. 하지만 그들은 아기 펭귄에게 '저리 가서 놀아'라고 말하고는 계속해서 다른 이를 밀어낸다. 무게 때문에 얼음이 갈라지고, 아기 펭귄들이 떠내려가는데도 어른 펭귄들은 마지막까지 '밀어내라'를 외친다.

세 권의 그림책을 읽으니, 최근에 출간된 『많은 사람들이 바다로 가』라는 그림책이 떠오른다. 한 편의 동시를 그림책으로 그려냈으며, 글을 쓴 시인은 난민의 현실을 날카롭고 직접적으로 묘사하기보다는 길을 떠나는 사람들의 이야기로 담아냈다. 그리고 그림 작가는 새를 의인화해 바다 위에 놓인 위태로운 난민의 모습을 표현했다.

우리나라는 일제강점기와 한국전쟁 시기에 난민으로서 국제기구와 다른 나라의 원조를 받았다. 그러나 현재 우리나라는 정식으로 체류를 요청한 난민 수에 비해 실제 정착하는 비율이 매우 낮다고 한다. 깜깜한 밤에 어둠을 밝혀주는 은은한 달빛처럼, 우리는 세계 곳곳에서 고통받고 있는 난민을 조건 없이 받아들일 수 있는 넉넉한 마음을 가져야 한다. 우리나라가 어려운 시기에 누군가의 도움으로 난관을 극복했듯이 이타적인 관점에서 난민의 문제를 바라보아야 할 것이다. 우리나라 역시 언젠가 또다시 전쟁이나 기후위기로 인해 난민이 될 수도 있으니 말이다.

○

함께 읽으면 좋은 그림책

『같은 시간 다른 우리』

소피아 파니두 글 · 마리오나 카바사 그림 | 다림 | 2020

'아직 멀었나요?'라는 물음이 강렬하게 다가오는 그림책은 서로 다른 상황에 놓인 가족과 아이의 모습을 통해 평범한 일상이 얼마나 소중한지를 보여준다. '아직 멀었나요?'라는 말은 평범한 일상을 보내는 소년에게는 기대와 설렘의 물음이지만, 하루하루를 버티는 난민 소녀에게는 불안과 공포의 질문이다. '행복은 무엇일까?' 독자들은 머릿속에 맴도는 질문을 떠올리며 소년과 소녀의 상황을 지켜본다. 타인을 이해하기 위해서는 역지사지의 마음을 가져야 한다. 이를 통해 서로를 배려하고 공감하며 살아갈 수 있음을 깨닫게 된다.

『징검다리』 마그리트 루어스 글 · 니자르 알리 바드르 사진 | 이마주 | 2018

니자르 알리 바드르는 딱딱한 돌에 생명을 불어넣는 예술가이다. 작가는 돌멩이를 이용해 난민의 고통, 슬픔, 기쁨을 표현했다. 그는 작품을 고정시키는 접착제를 구할 돈이 없어 작품을 완성한 뒤 다시 해체해야만 했다. 그저 사진으로 남길 수밖에 없었다. 글 작가 마그리트 루어스는 우연히 페이스북에서 돌을 이용해 '아기 안은 어머니와 무거운 짐을 머리에 인 아버지'를 표현한 니자르의 작품을 보게 되었다. 그는 우여곡절 끝에 시리아에서 작품활동을 하던 니자르와 연락이 닿는다. 두 작가의 노력으로 마침내 난민들이 목숨을 걸고 새로운 희망을 향해 가는 모습을 담은 그림책이 완성되었다.

『긴 여행』 프란체스카 산나 글 · 그림 | 풀빛 | 2017

실제 난민의 이야기를 바탕으로 한 그림책은 난민의 고된 여정과 그들의 인권에 대해 생각하게 한다. 전쟁으로 갑자기 아빠를 잃게 된 가족이 안전한 곳으로 떠나는 여정을 담았다. 먼 길을 떠나야 하는 엄마와 딸들은 짐을 줄이고 국경으로 향했다. 하지만 국경을 넘는 일은 쉽지 않았고, 어렵게 돈을 내고 국경을 넘어 바다를 건너는 배를 탄다. 목숨을 걸고 바다를 건너 새로운 곳에 도착했지만, 계속해서 어딘가를 향해 또 기차를 타고 가야만 했다. 아이는 가족이 국경을 넘어가는 여정을, 먼 곳으로 날아가는 새들의 긴 여행에 빗대어 바라본다. 그리고 새들처럼 새 보금자리를 찾을 수 있다고 믿는다. 아이가 안전하게 새로운 삶을 살 수 있기를 바란다.

10

평화,

서로에게 건네는 연대의 손길

오늘날 우리는 '평화'를 이야기하면서도 여전히 끊임없는 분쟁과 혐오, 차별 속에서 살아가고 있다. 전쟁은 과거의 일만이 아니다. 국경을 넘는 분쟁, 테러, 정치적 탄압뿐 아니라, 우리의 일상에서도 혐오와 배제는 끊임없이 반복된다. 약자를 향한 조롱과 무관심은 우리 사회의 평화가 얼마나 취약한지 드러낸다. 전쟁이라는 극단적인 폭력뿐 아니라, 타인의 고통을 외면하는 일상의 전쟁을 함께 살펴보며, '연대'와 '공감'의 의미를 다시 돌아보고자 한다.

유아 그림책은 짧고 단순하지만, 평화를 이루기 위한 삶의 지혜와 따뜻한 연대를 담고 있다. 제즈 앨버로우의 『안아 줘!』는 고릴라 보보가 외로움 속에서 진정한 포옹의 의미를 찾아가는 이야기이다. 안아 달라는 말은 유아기에 가장 자주 하는 말이다. 어린아이로 보이는 보보는 혼자 밖을 나왔다가 어미 동물과 새끼 동물이 안고 있는 모습을 보며 외로움을 느낀다. 보보의 의기소침한 모습을 보고 어미 코끼리는 보보를 태운 채 보보의 엄마를 찾아 나선다. 계속해서 다른 동물들이 안는 모습을 본 보보는 결국 울음을 터뜨리며 엄마를 부른다. 가슴에 하트 모양의 털이 있는 보보의 엄마가 보보를 향해 힘껏 뛰어와 꼭 껴안아 준다.

엄마와 아이의 사랑, 애착 관계를 표현한 이 그림책의 백미는 마지막에 있다. 가정에서 충분한 애정을 받은 아이는 타인에게 사랑을 베풀 수 있게 된다. 보보가 모두를 향해 '안아 줘!' 라고 외치자, 모든 동물이 서로를 안는다. 혈연만이 아니라 성별, 인종, 종교, 나이의 경계를 허물며 모두를 포용하는 것이다. 아이의 힘은 어디에서 온 걸까? 이에 대한 답은 작가의 또 다른 그림책 『난 크다』에서 얻을 수 있다.

유아기의 아이들에게 세상은 너무 크다. 아직 작고 연약한 자신에 비해, 주변의 세상은 너무도 커서 스스로가 보잘것없는 존재로 느껴진다. 그래서 아이들의 꿈은 엄마 아빠만큼 커지는 것이다. 자신이 돌보다 작은 것에 슬퍼진 보보는 돌 위에 올라선다. 이전보다 커져서 기쁘지만, 어느새 다가온 카멜레온보다 자신이 작다는 사실에 시무룩해진다. 카멜레온은 자기 머리에 보보를 올려 준다. 카멜레온보다 더 커져서 기쁘지만, 그것도 잠시 더 큰 동물이 나타난다. 타인과의 비교를 통해 얻은 행복은 금세 사라진다. 더 커지고 싶은 보보는 무리해서 기린의 머리 위까지 오르다 떨어지고 만다. 언제나처럼 엄마는 슈퍼맨처럼 나타나 보보를 받아 안는다.

『안아 줘!』에서 엄마 코끼리가 보보의 외로움을 알아차리고 자기 머리 위에 보보를 올려주었던 것처럼 그의 아이들 또한 타인의 감정을 이해하고 공감한다. 그리고 보보가 원하는 대로 기꺼이 자기 머리를 내어준다. 보보는 친구들 머리 위에 올라서서 잠깐이나마 커지고 싶은 소원을 이룬다. 크고 싶다는 욕구를 친구들 덕분에 충분히 충족한 보보는 엄마에게 한껏 어리광을 부리며 자신은 작다고 말한다. 크고 작음은 좋고 나쁨의 기준이 아니다. 있는 그대로 자신을 받아들일 수 있도록 지켜봐 주고, 도움이 필요할 때 기꺼이 손을 내미는 사회의 모습이 그림책 안에 담겨 있다. 유아 그림책은 서로를 존중하고 도움을 주는 공정하고 평화로운 사회를 보여준다. 이러한 사회가 단지 책 속만이 아닌 현실에서도 이루어지길 간절히 바라본다.

전쟁은 총과 폭탄으로만 일어나는 것이 아니다. 타인의 아픔에 무관심하고, 약자의 목소리를 외면하는 사회 역시 또 다른 형태의 전쟁터일 수 있다. 이 장에서는 전쟁과 폭력의 참상, 일상 속 평화의 의미, 민주주의와 자유의 소중함을 함께 살펴보고자 한다.

그림책은 짧은 글과 간결한 그림으로 구성되어 있지만, 그 안에는 평화로운 세상을 꿈꾸는 깊은 통찰과 질문이 담겨 있다. 그림책 속 연대의 손길은, 결국 지금 이 시대를 살아가는 우리가 서로에게 건네야 할 손길이다. 갈등과 혐오가 넘치는 현실에서, 우리는 평화로운 세상을 위해 어떤 선택을 하고 있는가? 아이들과 함께 이 그림책들을 읽으며, 서로를 이해하고 존중하며 살아가는 사회란 어떤 모습인지, 우리는 어떻게 평화를 지켜낼 수 있을지 깊이 생각해 보는 시간이 되기를 바란다.

『싸움에 관한 위대한 책』
다비드 칼리 글 · 세르주 블로크 그림 | 문학동네 | 2014

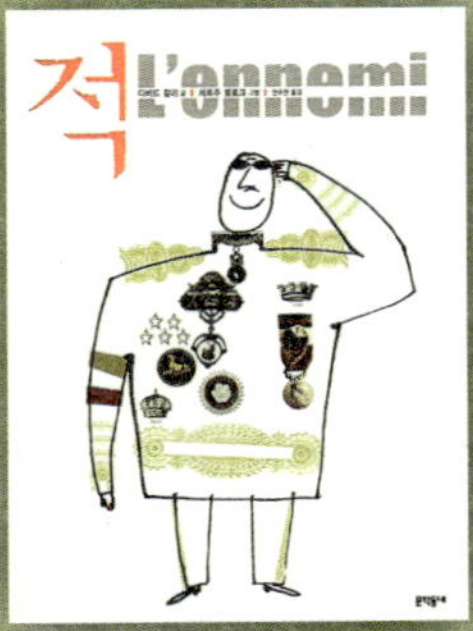

『적』
다비드 칼리 글 · 세르주 블로크 그림 | 문학동네 | 2008

『전쟁』
조제 조르즈 레트리아 글 · 안드레 레트리아 그림 | 그림책공작소 | 2019

전쟁의 어두운 그림자

전쟁은 국가 또는 정치 집단 사이의 폭력이나 무력을 사용하는 상태 또는 행동을 말한다. 역사적으로 전쟁이 없던 시기가 존재하지 않을 만큼 전쟁은 늘 인류와 함께였다. 전쟁으로 멸망한 나라도 많지만, 아이러니하게도 전쟁은 사라지지 않고 계속해서 일어난다.

어린이와 어른 모두 싸움을 한다. 싸움은 아주 사소한 것에서 시작된다. 하지만 어른의 싸움은 어린이의 싸움과 다르다. 다비드 칼리와 세르주 블로크의 『싸움에 관한 위대한 책』에는 싸움을 말하는 재치 있는 코드가 숨어 있다. 인간은 백만 년 전부터 매머드를 차지하기 위해 싸움을 시작했고, 지금도 초등학교 교실에서는 쉬는 시간마다 시끌벅적 싸움이 일어난다. 유난히 큰 판형의 그림책은 싸움의 역사, 싸움의 효과, 싸움의 시작과 전개, 싸움의 유형을 유쾌하게 풀어낸다.

아이들의 싸움에는 건강한 방식의 규칙이 있다. 싸움을 할 때도 예의를 지키면 나름대로 공정한 놀이가 될 수 있음을 보여준다. 이는 내일을 기약할 수 있는 싸움이다. 그러나 아이들의 싸움과 달리 어른들의 싸움은 증오가 되어 언제든지 전쟁으로 이어질 수 있다는 섬뜩한 암시가 담겨 있다. 이를 보며 상황이 악화되어 전쟁으로까지 이어진 역사를 떠올린다. 우리는 끊임없이 크고 작은 싸움을 하고 있다. 싸움의 목적은 누군가를 해하려는 것이 아니라 상대방과 다른 나의 의견을 조정하고 합리적인 방향으로 나아가기 위한 것이다. 증오는 증오를 낳을 뿐이다. 전쟁으로 이어진 역사는 우리 모두에게 상처를 남겼다. 우리나라 역시 아직 전쟁의 아픔이 완전히 회복되지 않았다는 사실을 기억해야 한다.

두 작가는 『적』이라는 그림책을 통해 전쟁에 관한 이야기를 이어간다. '전쟁이다'라는 간단한 문구로 그림책의 시작을 알린다. 콜라주 기법을 활용한 간결한 그림은 전쟁의 본질을 일깨운다. 그림책의 하얀 여백에 구멍이 뚫린 것처럼 표현된 군인들의 참호는 고립된 군인들의 공간을 상징한다. 그들은 전쟁의 의미조차 묻지 못하는 상황에 놓여 있다. 하지만 이곳에서 두 군인은 전쟁을 끝내고, 평화를 찾기 위해 작은 행동을 한다. 자신들을 기다리는 가족에게 돌아가고자, 전쟁을 끝내고 싶은 마음을 병에 담아 서로의 참호를 향해 던진 것이다.

앞 면지에는 빼곡하게 그려진 군인의 모습이 있다. 하지만 뒤 면지에서 네잎클로버를 입에 문 군인과 다른 한 명의 군인은 사라지고 없다. 두 군인은 어디로 갔을까? 안전하게 집으로 돌아간 것인지, 전쟁으로 죽임을 당한 것인지 알 수 없는 결말이다. 열린 결말은 전쟁의 위험성과 평화에 대해 깊이 생각하게 한다. 거창한 수사적 비유 없이도 마음속 큰 울림을 준다.

"전쟁은 듣지 않고, 보지 않고, 느끼지 않는다."

전쟁의 위험성을 전염병에 빗대어 표현한 그림책도 있다. 『전쟁』의 앞 면지에서 꿈틀대던 전쟁 바이러스는 숙주를 찾아 움직인다. 작가는 바이러스가 숙주를 찾아 움직이는 것을 보여주기 위해 속표지를 구성하지 않았다고 한다. 전쟁이 인간의 생명뿐 아니라 자유와 이야기마저 빼앗아 가는 참상을 일깨운다.

어디론가 향하던 바이러스는 군복 입은 남자에게 다다르고, 바이러스에 감염된 그는 제일 먼저 세상의 모든 책을 불태운다. 인간을 정복하기 위해, 망각을 막고 생각을 도와주는 '책'을 없앤 것이다. 인간을 통치하고 지배하기 위해 이성을 모두 태워버린다. 그다음에는 공장에서 무기와 병사를 만들기 시작한다. 순식간에 세상은 쉽게 무너진다. 그림책의 끝에서 전쟁 바이러스가 또 다른 숙주를 찾아 떠나는 모습은 섬뜩하기까지 하다. 그림을 그린 안드레 레트리아는 전쟁 바이러스가 어떻게 사람들의 일상을 서서히 잠식하고, 결국 얼마나 큰 재앙으로 이어지는지 보여준다. 인간이 이를 망각한다면, 우리는 영원히 전쟁 바이러스의 숙주가 될 뿐이라고 경고한다. 독자는 작은 판형에서 전해지는 전쟁의 참상에 집중하며 위험을 감지한다.

전쟁에 관한 그림책들은 인간 사회에서 싸움은 피할 수 없는 성장 과정의 일부라고 말한다. 하지만 우리가 배워야 할 것은 누군가를 죽이는 싸움이 아니라, 서로에게 맞추며 함께 나아가는 지혜이다. 이를 깨닫지 못하면 싸움은 결국 모두를 파괴하고, 그 상처는 회복할 수 없을 것이다.

함께 읽으면 좋은 그림책

『내 목소리가 들리나요』 다시마 세이조 글 · 그림 | 사계절 | 2012

단순하지만 강렬한 붓의 움직임이 인상적인 그림책이다. 그림책을 펼치면 일상을 즐기는 사람들의 모습이 보인다. 이내 이들은 군인을 향해 깃발을 흔드는 얼굴 없는 군중이 되어 버린다. 명령에 따라 총을 쏘고, 날아온 포탄에 몸이 찢긴다. 나를 위해 울고 있는 어머니의 눈물은 피눈물이 되어 전쟁의 참혹함을 극대화한다. 형체가 없이 죽은 나에게 세상은 따뜻한 곳이 아닌 서늘하고 어두운 곳이다. 눈이 없어 보이지 않고, 귀가 없어서 들리지도 않는다. 하염없이 울고 있는 어머니와 분노한 동생의 모습에서 '전쟁은 왜 하는 것일까? 누구를 위해 죽이는가?'라는 물음을 갖게 된다. 전쟁의 광기와 참혹함은 '평화'가 한 사람이나 한 국가의 문제가 아닌, 우리 모두를 위한 것이라는 사실을 일깨운다.

『백장미』

크리스토프 갈라즈 글 · 로베르토 인노첸티 그림 | 미래엔아이세움 | 2003

로베르토 인노첸티는 1940년 제2차 세계대전 중에 태어났다. 전쟁의 포화 속에서 태어난 그는 역사적 사건은 아주 어린 아이들도 겪었으며, 그들도 역사의 당사자라고 말했다. 로즈 블랑슈가 사는 마을에 갑자기 낯선 트럭이 도착한다. 마을은 점점 차갑게 변해간다. 로즈는 군인들에게 잡혀가는 소년을 보고, 그들을 따라 한 번도 가보지 못한 곳으로 갔다. 전기 철조망 담 너머 사람들의 옷에는 노란색 별이 달려 있다. 그곳은 바로 유대인 수용소였다. 독자는 로즈의 발길을 따라가며 전쟁의 참상을 목도한다. 마지막 장면에는 철조망에 걸려 있는 보라색 꽃이 보인다. 그들에게 음식을 가져다준 소녀는 어떻게 되었을까?

『전쟁』 아나이스 보즐라드 글 · 그림 | 비룡소 | 2001

소년은 위태로운 나뭇가지에 앉아 전쟁을 본다. 빨강 나라와 파랑 나라의 사람들은 왜 전쟁이 시작되었는지도 모른 채 매일 아침 전쟁터에 나간다. 저녁이면 사망자와 부상자들이 넘쳐난다. 빨강 나라와 파랑 나라의 왕들은 군인의 수가 점점 줄어드는 것을 걱정한다. 전쟁의 끝이 보이지 않자, 두 나라의 왕자들은 결투를 통해 전쟁을 마무리하기로 한다. 파랑 나라의 왕자 파비앙은 전쟁이 왜 일어나는지 모른 채 누군가의 승리로 끝나는 것이 의미가 없다는 사실을 깨닫고 노랑 나라를 찾아간다. 그는 전쟁으로 인해 힘든 이들을 생각하며 진심으로 눈물을 흘린다. 이 모습을 본 노랑 나라의 왕은 그에게 나라를 다스리게 한다. 영리하고 현명한 파비앙의 진심은 모두에게 평화를 찾아주었다.

『꽃할머니』
권윤덕 글 · 그림 | 사계절 | 2010

『용맹호』
권윤덕 글 · 그림 | 사계절 | 2021

『숨바꼭질』
김정선 글 · 그림 | 사계절 | 2018

전쟁이 남긴 아픔

사계절 출판사의 '평화 그림책' 시리즈는 모두가 서로 사랑하며 살기를 바라는 마음을 담아, 한 · 중 · 일 세 나라의 작가들이 함께 출간한 그림책이다. 2005년 10월 일본 그림책 작가 네 명의 제안으로 시작된 이 기획은 2007년 중국 난징에서 열린 기획 회의를 기점으로 활발하게 진행되었다. 2010년 6월 『꽃할머니』를 시작으로 현재까지 총 열한 권의 그림책이 출간되었다. 작업에는 한국의 권윤덕, 김환영, 정승각, 이억배, 중국의 저우상, 차이까오, 야오홍, 천룽, 일본의 하마다 게이코, 와카야마, 시즈코, 다시마 세이즈, 다바타 세이이치 작가가 참여했다. 이들은 어린이들이 전쟁 없는 평화로운 세상에서 살기를 바라는 마음으로 전쟁을 비판하고 평화에 대한 염원을 담아냈다.

『꽃할머니』는 그림책의 주인공이었던 심달연 할머니의 위안부 증언에 대한 신빙성이 부족하다는 이유로, 2010년 한국과 중국에서 먼저 출간되고, 일본에서는 8년 후에나 펀딩 형식으로 출간될 수 있었다. 안타깝게도 심달연 할머니는 치유의 기회가 된 그림책 출간을 보지 못하고 세상을 떠났다.

표지에는 제비꽃 뒤로 환한 미소를 짓고 있는 소녀가 보인다. 태평양전쟁 시기인 1940년, 열세 살 소녀는 언니와 나물을 캐러 갔다가 어디로 가는지도 모른 채 일본군에 끌려가 갖은 고초를 당한다. 모진 고통을 견뎌내고 고향으로 돌아오지만, 부모님은 이미 돌아가셨고 반겨주는 이가 하나도 없다. 밤마다 악몽을 꾸고, 몸 버리고 온 여자라며 손가락질을 받는 것이 괴롭기만 하다. 세상은 바쁘게 돌아갔고, 꽃할머니의 아픔에는 누구도 관심을 주지 않았다.

50년의 세월이 지나고 할머니의 아픔을 나누고자 하는 사람들이 찾아온다. 가슴속에 묻어둔 이야기를 세상 밖으로 내뱉으며, 할머니는 비로소 아픔을 치유하기 시작한다. 위안을 받은 마음은 할머니가 쓴 족두리의 흰 꽃으로 피어난다.

"사람들이 꽃 보고 좋아하듯이 그렇게 서로 좋아하며 살았으면 좋겠다."

할머니가 남긴 말은, 아픔을 겪은 이들을 진심으로 안아주고 위로하는 것이 치유의 첫걸음이라는 것을 알려준다. 사람의 마음을 움직이는 것은 강하고 거센 바람이 아닌, 상처를 보듬어 주고 진심이 담긴 햇빛 같은 따뜻한 위로이다. 앞으로 평화로운 세상에서 공존하기 위해서는 할머니가 남긴 말을 마음에 새겨야 할 것이다.

권윤덕 작가의 또 다른 그림책 『용맹호』는 베트남전쟁을 다루고 있다. 『꽃할머니』에서 한국이 피해자의 입장이었다면, 『용맹호』는 반대의 입장이다. 한국은 베트남전쟁 당시 미국 다음으로 많은 군인을 파병했다. 한국군이 베트남에서 무고한 민간인에게 총을 겨눈 불편한 진실이 그림책에 담겼다. 주인공인 용맹호 씨는 전쟁이 끝난 후, 한국으로 돌아와 혼자 살고 있다. 자동차 수리를 하며 일상을 보내고 있지만, 전쟁 후에 겪는 트라우마로 인해 하루하루 고통스럽다. 출근길에서 마주하는 베트남의 환영, 꿈속에 나오는 베트남 정글, 귓가에 들리는 총소리는 계속 그를 괴롭힌다. 전쟁 중에 민간인들을 학살한 잔인하고 무도한 기억은 살아남은 자에게 상흔으로 남았다. 전쟁은 모두에게 아픈 기억이다. 가해자이면서 피해자인 용맹호 씨의 모습은 전쟁에 동원되는 참전 군인의 아픔을 보여주며, 전쟁은 모두에게 상처로 남는다는 사실을 일깨운다.

전쟁은 우리나라에서도 일어났다. 1950년 6월 25일 새벽, 북한군이 남침해 한반도에 비극이 찾아왔다. 한국전쟁으로 백만 명이 넘는 사망자가 발생했고, 부상자도 많았다. 전쟁이 끝난 후에도 우리나라는 최장기 휴전국이자 세계에서 유일한 분단국으로 남았다. 전쟁은 여전히 계속되고 있으며, 아직도 전쟁의 상처가 아물지 않은 채 끊임없는 불안 속에 살고 있다.

한국전쟁을 다룬 그림책 『숨바꼭질』은 과거의 아픔을 통해 우리가 누리고 있는 평화의 소중함을 되새기고, 앞으로 한반도의 평화를 어떻게 지켜야 할지를 고민하게 한다. 그림책 속에 등장하는 두 아이는 전쟁의 소용돌이 속에서 영문도 모른 채 헤어진다. '박순득'이라는 이름을 가진 두 아이는 살아남기 위해 피난길에 오른다. 작가는 두 아이가 처한 상황을 마치 숨바꼭질 놀이를 하는 모습으로 묘사한다. 그림책에는 오직 숨바꼭질 노랫말이 흐를 뿐, 모든 서사는 그림으로 전해진다. 북한 인민군의 남하를 막기 위해 폭파된 왜관 철교를 배경으로, 강을 건너는 피난민의 모습이 그려져 있다. 부산 피난촌에서 배급을 기다리는 사람들의 모습은 전쟁 속에서 살아가야 했던 이들의 어려운 삶을 보여준다. 그들은 전쟁이 끝나고 다시 일상의 평화가 돌아오기를 간절히 바라며 살고 있다. 거짓말 같았던 전쟁 뒤에 청명하게 펼쳐진 자연의 모습이 보인다. 그러나 그 아래 감춰진 전쟁의 아픔이 더 아려온다.

지금도 세계 곳곳에는 전쟁으로 인해 많은 사람이 고통 속에 하루하루를 보내고 있다. 앞서 함께 살펴본 그림책은 글과 그림의 미학적 가치가 높을 뿐 아니라, 전쟁 때문에 여전히 고통받는 이들의 모습을 고스란히 담아냈다. 또한 과거의 반성을 통해 다시는 이런 아픔이 반복되지 않도록, 전쟁의 폐해를 잊지 않고 기억해야 한다는 메시지를 전달한다.

함께 읽으면 좋은 그림책

『춘희는 아기란다』 변기자 글 · 정승각 그림 | 사계절 | 2016

사계절 '평화 그림책' 시리즈 중 하나인 이 그림책은 전쟁의 아픔을 절제된 언어와 다양한 은유적 기법을 사용해 표현했다. 마흔셋 아기인 춘희를 통해 히로시마 원자폭탄으로 인한 아픔을 담았다. 평생을 비주류로 살면서 소중한 가치를 지키고자 애쓴 변기자 작가가 글을 쓰고, 일본에서 직접 취재하며 열정을 다한 정승각 작가가 그림을 그려 완성했다. 할머니가 전해주는 아기 같은 춘희의 이야기는 빨간 리본을 한 유미에게 고스란히 전해진다. 서로를 이해하는 마음이 이어지며, 그들의 아픔이 곧 우리의 일이라는 사실을 깨닫게 된다.

『비무장 지대에 봄이 오면』 이억배 글 · 그림 | 사계절 | 2010

우리나라 비무장 지대의 사계절을 담아냈다. 봄에는 점박이물범 가족이 중국 발해만에서 백령도 앞바다까지 자유롭게 오간다. 여름에는 새들이 날아와 둥지를 틀고 정다운 가족을 이룬다. 가을에는 북태평양에 살던 연어들이 돌아와 새 생명을 낳고 일생을 마친다. 겨울에는 북쪽에서 날아온 새들의 노랫소리가 들리고 철조망에 하얀 눈꽃이 핀다. 그러나 할아버지는 고향에 있는 가족을 만날 수 없다. 전망대에 올라 텅 빈 북녘 하늘만을 바라볼 뿐이다. 앞 면지에 그려진 세계지도의 한반도에는 반으로 나뉜 빨간 상처가 있다. 할아버지의 마음에 새겨진 아픔의 흔적이다. 할아버지는 비무장 지대에 봄이 오면 굳게 닫힌 철문을 활짝 열고 걸어가고 싶다. 뒤 면지의 한반도에는 더 이상 분단의 흔적이 없다. 모든 생명이 살아 숨 쉬는 평화로운 비무장 지대의 모습처럼 한반도에 평화가 올 거라는 신호이다.

『지뢰밭 아이들』

앙젤 들로누와 글 · 크리스틴 들르젠느 그림 | 한울림어린이 | 2013

그림책의 앞뒤 면지에는 곶자왈 작은 학교 아이들이 전쟁과 평화에 대해 쓴 글이 담겨 있다. 아이들의 글을 읽으면 가슴이 먹먹하고 코끝이 찡해진다. 어느 날, 평화로운 마을에 폭탄이 담긴 회색 물건이 떨어진다. 축구 선수였던 아마드와 주인공은 호기심에 노란 병을 만졌다가 평범한 일상이 무너진다. 팔과 다리를 하나씩 잃은 아마드에게 같은 아픔을 먼저 겪은 아이가 찾아와 포기하지 않고 희망적인 미래를 살아갈 용기를 준다. 마지막에는 실제 노란 병으로 피해입은 아이들의 사진과 이야기가 적혀 있다. 유니세프한국위원회는 잔류 폭발물로부터 아이들을 보호할 수 있는 환경이 마련되기를 소망하며 그림책을 추천했다. 전쟁이 남긴 지뢰와 폭발물의 위험성을 깨닫고, 이들의 아픔에 깊이 공감하게 한다.

『아무도 지나가지 마!』
이자벨 미뉴스 마르틴스 글 · 베르나르두 카르발류 그림 | 그림책공작소 | 2016

『독재란 이런 거예요』
플란텔 팀 글 · 미켈 카살 그림 | 풀빛 | 2017

『생쥐 나라 고양이 국회』
알리스 메리쿠르 글 · 마산진 그림 | 책읽는곰 | 2020

민주주의는 그냥 오지 않았다

평화를 파괴하는 것은 전쟁뿐만이 아니다. 독재정치도 평화를 무너뜨린다. 한국 현대사를 돌아보면, 시민들은 오랜 기간 독재정권과 맞서 싸우며 민주주의를 이루기 위해 끊임없이 투쟁해 왔다. 수많은 희생 끝에 우리는 마침내 민주주의를 이루었고, 일상의 평화를 누릴 수 있었다. 그러나 12.3 비상계엄 이후, 우리는 민주주의가 여전히 위태롭고 취약하다는 사실을 다시금 확인했다. 독재를 꿈꾸는 이들에 의해 민주주의는 언제든 무너질 수 있는 것이다.

『아무도 지나가지 마!』는 독재정권의 부조리함을 풍자적으로 그려낸 그림책이다. 표지에는 주렁주렁 훈장을 단 험악한 얼굴의 장군이 '아무도 지나가지 마!'라고 명령하는 모습이 그려져 있다. 장군은 부하 군인에게 명령한다.

"내 말을 명심해라. 이제부터 너는 꼼짝 말고 아무도 못 지나가게 지켜!"

군인은 그림책의 중앙선을 기준으로 왼쪽에 서서, 누구도 오른쪽으로 가지 못하게 막는다. 늘 가던 길이 차단된 사람들은 혹시 전쟁이라도 난 것이 아닌지 궁금해하지만, 사실은 장군이 언제든 이야기의 주인공이 되기 위해 오른쪽을 비워두려는 것이었다.

그림책의 구성은 이러한 상황을 극적으로 보여준다. 왼쪽 면은 사람들로 가득 차 있지만, 오른쪽 면은 텅 비어 있다. 그러나 이 상황은 아이들, 더 정확히는 '시민의 힘'으로 해결된다. 장군은 더 이상 힘을 쓰지 못하고, 이야기는 엉망진창이 된다. 장군이 절규한다.

"이 이야기의 주인공은 도대체 누구란 말이냐?"

그 답은 마지막 면지에 있다. 앞 면지에 등장했던 예순두 명의 인물이 더욱 활기차게 자신의 목소리를 내고 있다. 자세히 살펴보면 등장인물이 한 명 늘었다. 배 속에 있던 아이가 태어나 '비바Viva'라는 이름을 얻게 된다. 'Viva'는 그림책 작가의 고향인 포르투갈에서 '만세'를 뜻한다. 다음 세대가 자유롭게 '만세'를 외칠 수 있는 세상을 만들어야 한다는 메시지를 전한다.

역사 속 대표적인 독재자로는 아돌프 히틀러, 베니토 무솔리니, 마오쩌둥 등을 들 수 있다. 그러나 독재는 단지 과거의 일이 아니다. 『독재란 이런 거예요』는 독재가 어떻게 이루어지는지를 설명하며, 그 현실이 오늘날에도 이어지고 있음을 경고한다.

표지에는 연단에 선 독재자가 있고, 연단 아래에는 많은 사람이 짓눌려 괴로워하고 있다. 독재는 독재자 한 명만으로 이루어지지 않는다. 자신의 이익을 위해 독재자를 지지하는 사람들, 억압받으면서도 침묵하는 이들, 잘못을 알면서도 자신의 안위를 위해 독재자를 따르는 이들이 독재를 유지하는 데 중요한 역할을 한다.

시간이 흐를수록 독재자는 더 강력해진다. 돈과 무기, 땅이 모두 그의 손에 들어가면 맞서는 것은 점점 더 어려워진다. 대부분의 독재는 독재자가 죽어야 끝이 난다. 그림책은 독재의 역사가 끝나면 '자유'라는 새로운 역사가 시작된다고 말한다. 하지만 정말 그럴까?

우리는 대한민국이 민주공화국이라는 사실을 당연하게 여겨왔지만, '12.3 비상계엄 사태'를 통해 민주주의의 기반이 얼마나 취약한지를 깨닫게 되었다. 민주주의는 얻기도 어렵지만, 지키는 것은 훨씬 더 어렵다. 언제 어디서든 자신의 욕망을 위해 나라를 주무르려는 독재자가 존재할 수 있기 때문이다. 그림책이 출간된 지 40여 년이 지났지만, 지금도 그 내용이 낯설게 느껴지지 않는 이유도 여기에 있다.

그렇다면 우리는 어떤 지도자를 뽑아야 할까? 『생쥐 나라 고양이 국회』는 이러한 질문에 대한 날카로운 풍자와 통찰을 담고 있다. 이 그림책은 1962년, 캐나다 정치인 토미 더글러스가 의회에서 연설한 '마우스 랜드Mouse Land' 우화를 바탕으로 만든 작품이다. 토미 더글러스는 탄압받는 노동자들을 위해 정치를 했으며, 공중의료정책을 도입해 '캐나다 의료보험의 아버지'로 불린다.

그림책 속 생쥐 나라는 민주주의 국가의 구조를 상징적으로 보여준다. 생쥐들은 4년마다 선거를 통해 지도자를 뽑지만, 그들은 늘 검은 고양이였다. 검은 고양이들은 고양이에게 유리한 법을 만들었고, 생쥐들은 점점 살기 어려워졌다. 결국 생쥐들은 더 이상 검은 고양이를 뽑지 않기로 결정한다. 새로 뽑은 지도자는 흰 고양이였다. 하지만 결과는 달라지지 않았다. 생쥐들은 흰 고양이, 얼룩 고양이 등 다양한 지도자를 뽑았지만, 그들이 '고양이'라는 사실은 변하지 않았다. 왜 생쥐들은 계속해서 고양이를 뽑았을까?

이 질문은 곧 우리의 현실과 연결된다. 민생을 챙기겠다며 권력을 잡은 정치인들은 하나같이 재벌을 위한 법안을 만들고, 기득권의 이익을 대변한다. 연설이 발표된 지 60여 년이 흘렀지만, 우리는 여전히 고양이의 지배를 받고 있는 것은 아닐까?

그림책이 전하는 또 다른 메시지는 생각과 말, 그리고 글의 힘이다. 한 생쥐가 '생쥐를 지도자로 뽑아야 한다'라고 외치고 감옥에 갇혔지만, 그 생각은 사라지지 않았다. 오히려 사람들 사이에서 퍼지고 자라나 결국 체제를 변화시키는 씨앗이 되었다. 생각은 말이 되고, 말은 글로 기록되며, 기록은 세상을 바꾸는 힘이 된다.

그렇다면 지금 우리는 어떤 기록을 남기고 있는가? 기억되고, 이어지고, 다음 세대를 움직이게 할 올바른 생각과 기록을 남기고 있는가? 민주주의는 결국, 말과 행동의 기록 위에 세워지는 것이다. 우리가 남기는 말, 쓰는 글, 가르치는 가치 속에 내일의 민주공화국이 담겨 있다.

함께 읽으면 좋은 그림책

『갈색 아침』 프랑크 파블로프 글 · 레오니트 시멜코프 그림 | 휴먼어린이 | 2013

루이스 캐럴의 『이상한 나라의 앨리스』 제8장에는 흰 장미를 빨갛게 칠하는 장면이 나온다. 하트 여왕이 흰 장미를 보면 사형을 명하기 때문이다. 『갈색 아침』은 이와 유사한 독재 사회의 현실을 은유적으로 보여준다. 갈색만 허용되는 법이 생기면서 먼저 갈색이 아닌 반려동물이 죽임을 당한다. 사람들은 처음엔 슬퍼하지만 곧 익숙해진다. 언론이 통제되고, 비판하는 신문은 폐간되며, 사람들은 점점 침묵에 익숙해진다. 작은 변화에 무비판적으로 순응한 결과, 사회 전체는 갈색으로 물들고 만다. 그림책은 독재와 전체주의 속 침묵이 어떤 비극을 낳는지를 강하게 경고한다.

『건축물의 기억』 최경식, 오소리, 홍지혜 글 · 그림 | 사계절 | 2024

세 명의 작가가 함께 만든 그림책은 세로로 긴 판형으로, 1980년대 군부독재 시절 국가 폭력의 상징 '남영동 대공분실'을 조명한다. 남영역 근처 검은 벽돌 건물은 겉보기에는 '국제해양연구소'였지만, 실제로는 민주화 운동가들에게 물고문이 자행된 고문 시설이었다. 건축가 김수근이 설계한 이 공간은 감시 구멍이 있는 문, 방음 단열재, 나선형 철제 계단 등 철저히 공포를 유도하도록 구성되었다. 그림책은 '국가를 위한 일'이라 말하는 가해자와, 공포 속에서 침묵을 견딘 피해자의 시선을 모두 담아낸다. 세 명의 작가가 각자의 스타일로 그려낸 장면들은 민주주의의 그늘을 되짚으며, 기억해야 할 공간의 의미를 되새기게 한다.

『우산을 쓰지 않는 시란 씨』

다니카와 슌타로, 국제앰네스티 글 · 이세 히데코 그림 | 천개의바람 | 2017

『우산을 쓰지 않는 시란 씨』는 국제앰네스티가 기획한 그림책으로, 일본의 대표적인 시인 다니카와 슌타로와 생명과 평화를 그리는 그림책 작가 이세 히데코가 함께 만들었다. 일본어로 '시란しらん'은 '모른다'라는 뜻이다. 주인공 '시란 씨'는 어려움을 알면서도 무관심한 사람들을 상징한다. 또는 우리가 알지 못하는 사람들, 죄 없이 감옥에 갇힌 이들의 존재를 떠올리게 한다. 그림책에서 '우산'은 '다른 생각'을 의미한다. 전체주의 사회에서는 개인의 자유와 개성을 인정하지 않으며, 자신과 다른 생각을 하는 사람을 위험한 존재로 간주해 억압하고 통제한다. 자유를 빼앗고 폭력을 가해 결국 모두가 똑같은 생각을 하도록 만든다. 그림책이 출간된 지 30년이 넘었지만, 여전히 '시란 씨'는 존재한다. 우리가 할 수 있는 일은 그들에게 계속 관심을 가지고, 침묵하지 않는 것이다.

부록

한 걸음 더, 주제별 추천 그림책

1. 기후위기, 지속 가능한 지구를 위하여

『흰, 눈이 그치면』 스테판 키엘 글 · 그림 | dodo | 2024

『고작 2도에…』 김황 글 · 전진경 그림 | 한울림어린이 | 2023

『자, 맡겨 주세요!』 이소영 글 · 그림 | 비룡소 | 2023

2. 동물권, 지구에서 함께 살아가기

『동물원』 이수지 글 · 그림 | 비룡소 | 2017

『나를 맞혀 봐!』 낭시 길베르 글 · 아나 그리오 그림 | dodo | 2024

『우리 집 생쥐네 집』 존 버닝햄 글 · 그림 | 웅진주니어 | 2017

3. 노동, 땀 한 방울의 가치

『바나나가 더 일찍 오려면』 정진호 글 · 그림 | 사계절 | 2024

『일과 도구』 권윤덕 글 · 그림 | 길벗어린이 | 2008

『우리 엄마는 청소노동자예요!』 다이애나 콘 글 · 프란시스코 델가도 그림 | 고래이야기 | 2014

4. 아동 · 청소년, 아이들은 자란다

『부루퉁한 스핑키』 윌리엄 스타이그 글 · 그림 | 비룡소 | 1995

『아침에 창문을 열면』 아라이 료지 글 · 그림 | 시공주니어 | 2017

『그렇게 나무가 자란다』 김흥식 글 · 고정순 그림 | 씨드북 | 2019

5. 노인, 삶과 죽음에 대하여

『할머니의 뜰에서』 조던 스콧 글 · 시드니 스미스 그림 | 책읽는곰 | 2023

『여행 가는 날』 서영 글 · 그림 | 위즈덤하우스 | 2018

『망가진 정원』 브라이언 라이스 글 · 그림 | 밝은미래 | 2020

6. 여성, 페미니즘 말하기

『리디아의 정원』 사라 스튜어트 글 · 데이비드 스몰 그림 | 시공주니어 | 2022

『화살을 쏜 소녀』 안 테랄 글 · 상드 토망 그림 | dodo | 2024

『새 옷』 조예슬 글 · 그림 | 느림보 | 2019

7. 젠더, 성별이라는 철창

『디스코 파티』 프라우케 앙엘 글 · 율리아 뒤르 그림 | 봄볕 | 2020

『나는 그냥 나입니다』 윤아해 글 · 정인하 그림 | 노란돼지 | 2023

『할아버지가 사랑한 무지개』 해리 우드게이트 글 · 그림 | 쥬쥬베북스 | 2023

8. 장애, 틀린 게 아니라 다른 거야

『우리 집에 놀러 와』 엘리자 헐, 샐리 리핀 글 · 대니얼 그레이 바넷 그림 | 위즈덤하우스 | 2023

『노란 길을 지켜 줘』 박선영 글 · 그림 | 노란상상 | 2023

『넌 토끼가 아니야』 백승임 글 · 윤봉선 그림 | 노란돼지 | 2023

9. 다문화, 모두의 안녕을 묻다

『우리 개를 찾아 주세요!』 에즈라 잭 키츠, 팻 셰어 글 · 그림 | 베틀북 | 2002

『플릭스』 토미 웅거러 글 · 그림 | 비룡소 | 2004

『나 진짜 궁금해!』 미카 아처 글 · 그림 | 나무의말 | 2022

10. 평화, 서로에게 건네는 연대의 손길

『누가 왕이라고?』 마르가리타 델 마조 글 · 로시오 마르티네즈 그림 | dodo | 2025

『평화란 어떤 걸까?』 하마다 게이코 글 · 그림 | 사계절 | 2011

『내가 여기에 있어』 앙드리앵 파를랑주 글 · 그림 | 웅진주니어 | 2020

침묵하지 않는 그림책

다정한 세상을 꿈꾸는
그림책의 목소리

초판인쇄 2025년 11월 28일
초판발행 2025년 11월 28일

지은이 손미영 · 조유정
발행인 채종준

출판총괄 박능원
책임편집 권새롬
디자인 홍재희
마케팅 문선영
전자책 정담자리
국제업무 채보라

브랜드 드루
주소 경기도 파주시 회동길 230 (문발동)
투고문의 ksibook1@kstudy.com

발행처 한국학술정보(주)
출판신고 2003년 9월 25일 제406-2003-000012호
인쇄 북토리

ISBN 979-11-7457-178-6 03810

드루는 한국학술정보(주)의 지식 · 교양도서 출판 브랜드입니다.
세상의 모든 지식을 두루두루 모아 독자에게 내보인다는 뜻을 담았습니다.
지적인 호기심을 해결하고 생각에 깊이를 더할 수 있도록, 보다 가치 있는 책을 만들고자 합니다.